Theodor Fontane

Kleines Brevier für Reisende und Sommerfrischler

atb aufbau taschenbuch

THEODOR FONTANE wurde am 30. Dezember 1819 im märkischen Neuruppin geboren. Nach Lehre und Staatsexamen Approbation als »Apotheker erster Klasse«. 1849 gab er den Beruf auf und arbeitete als Journalist und freier Schriftsteller. 1850 Heirat mit Emilie Rouanet-Kummer. Mitglied der Berliner Schriftstellervereinigung »Tunnel über der Spree«. 1855 bis Anfang 1858 London-Aufenthalt, u. a. als »Presseagent« des preußischen Gesandten. Zwischen 1862 und 1882 erschienen die »Wanderungen durch die Mark Brandenburg«. Neben seiner umfangreichen Tätigkeit als Kriegsberichterstatter und Reiseschriftsteller war Fontane zwei Jahrzehnte Theaterkritiker der »Vossischen Zeitung«. Er verfasste ein umfangreiches lyrisches Werk und trat in seinem 60. Lebensjahr als Romancier an die Öffentlichkeit. Auf den Erstling »Vor dem Sturm« (1878) folgten in kurzen Abständen seine berühmt gewordenen Romane und Erzählungen sowie die Erinnerungsbücher »Meine Kinderjahre« und »Von Zwanzig bis Dreißig«. Fontane starb am 20. September 1898 in Berlin.

Bei aller Seßhaftigkeit war Fontane ein reiselustiger Mensch. In europäischen Hauptstädten tat er sich ebenso um wie in unbedeutenden Provinznestern. Luxuriöse Badeorte boten ihm die Gelegenheit, seiner Leidenschaft der Menschenbeobachtung zu frönen, während er sich in einfachen Sommerfrischen bei guter Luft und ausreichender Bewegung am besten erholte. Stoßseufzer über grobe Kellner, schändliches Essen und primitive Quartiere wechseln mit dem Lob des wohltätigen Klimas und einer angenehmen Tischgesellschaft. Auch wenn er sich über manche Unzumutbarkeit erboste, so stand ihm doch der Gewinn des Reisens für Körper, Geist und Seele ganz außer Zweifel. Schließlich stärkten ihn ausreichender Schlaf und die Abwesenheit von Ärger so, dass er selbst über gewisse Eisenbahnzustände oder das schröpfende Gebaren bestimmter Kur- und Badeplätze hinwegsah.

THEODOR FONTANE

KLEINES BREVIER FÜR REISENDE UND SOMMERFRISCHLER

Herausgegeben
von Gotthard Erler

aufbau taschenbuch

Erstmals unter dem Titel
»Der Lokus im Levkojenbeet.
Kleines Brevier für Reisende und Sommerfrischler«
erschienen.

MIX
Papier aus verantwortungsvollen Quellen
FSC® C083411

ISBN 978-3-7466-3484-5

Aufbau Taschenbuch ist eine Marke der Aufbau Verlag GmbH & Co. KG

2. Auflage 2019

Die Originalausgabe erschien 2002 bei Aufbau
Aufbau ist eine Marke der Aufbau Verlag GmbH & Co. KG
Umschlaggestaltung U1 berlin, Patrizia Di Stefano
unter Verwendung eines Bildes von © Sotheby's / akg-images
Satz LVD GmbH, Berlin
Druck und Binden CPI books GmbH, Leck, Germany
Printed in Germany

www.aufbau-verlag.de

Vorwort

Topographie eines Reiselebens

»Mehr als Weisheit aller Weisen galt mir reisen, reisen, reisen«, bekennt der alte Fontane in dem melancholischen Gedicht »Meine Reiselust (früher und jetzt)«. Möglicherweise hatte er etwas von der ewigen Unrast seines Vaters geerbt, der ja, nach der spöttischen Meinung seines Sohns, am liebsten immer umhergefahren wäre, um eine neue Apotheke zu finden, ohne sie wirklich finden zu wollen. Vielleicht treibt Fontane auch eine psychische Disposition zu Veränderung und Ortswechsel, und nicht zufällig hat er hinreißend beschrieben, wie er schon als kleiner Junge eine nächtliche Fahrt im offenen Wagen als etwas Außerordentliches empfand: »mir war, als reisten wir in den Himmel«. Wie dem auch sei: sein ganzes Leben vollzieht sich in der Spannung von »unterwegs und wieder daheim«, und so ist er, verglichen mit den schreibenden Kollegen seiner Zeit, ein Autor, den es nie lange an seinem Schreibtisch hält. Auch der tägliche Spaziergang im Tiergarten, den er in den späten Tagebüchern penibel vermerkt, kann als Teil dieser Umtriebigkeit gelten.

Nach den Lehr- und Wanderjahren in Berlin, Burg, Leipzig, Dresden und Letschin (in deren Verlauf ein vierzehntägiger Abstecher nach England ihm 1844 erstmals einen Blick in die »Welt« verschafft) zwingt ihn zunächst die existentielle Sorge um den Unterhalt der Familie, sich »draußen« umzutun; denn ohne eigne Apotheke ist von der erlernten Pharmazie nicht zu leben. Er versucht es 1852 als Journalist in London, und von 1855 bis Anfang 1859 lebt er erneut, diesmal sogar im offiziösen Auftrag der preußischen Regierung, in der kritisch bewunderten britischen Metropole. Berufsbedingte Aufenthalte anderswo von dieser Dauer kommen später nicht mehr vor; allenfalls schickt ihn 1863 die Redaktion der »Kreuzzeitung« für ein paar Tage als Berichterstatter zu einer europäisch bestückten Landwirtschaftsausstellung nach Hamburg. Die meisten Reisen, schon in der England-Zeit beginnend, unternimmt Fontane, wie er das nennt, »von Metiers wegen«: also wegen konkreter Recherchen für schriftstellerische Arbeiten. Dazu gehören 1856 der Besuch in Oxford und 1857 der Ausflug nach Manchester, wo er sich eine ambitionierte Kunstausstellung ansieht, um darüber in der »Zeit« zu berichten; 1858 besucht er »sein« von Jugend an historisch-romantisch verklärtes Schottland. In den Jahrzehnten von 1859 bis 1889 durchstreift er die heimatliche Mark Brandenburg, und dazwischen, von 1864 bis 1871, lernt er Dänemark, das damals österreichische Böhmen und vor allem Frankreich kennen, wo er jeweils die Schlachtfelder der Bismarckschen Kriege besichtigt und beschreibt. Dabei greifen im Herbst 1870 französische Freischärler höchst unsanft in die sorgsam vorbereiteten Reisepläne des Schlachtenbummlers und Hobbystrategen ein; als vermeintlicher preußischer Spion wird er gefangengenommen und nach einem demütigenden Transport auf Oléron an der Westküste interniert; um ein Haar wäre er standrechtlich erschossen worden, denn immerhin führte der Zivilist einen geladenen Revolver bei sich.

Mit Beginn der siebziger Jahre, als sich Fontane als freier Schriftsteller durchzuschlagen beginnt, treten in zunehmender Dichte »Sommerfrischen« an die Stelle all solcher »Dienstreisen«: er muß seine strapazierten Nerven entspannen, seine durch winterliche Erkältungskrankheiten geschwächten Kräfte erneuern. Aus dem sommerlich-schwülen Berlin mit seiner »typhösen Kanalluft« flieht er regelrecht ins Gebirge oder an die See und gelegentlich nach Kissingen und Karlsbad. Auch zwei »Bildungsreisen« leistet er sich: 1874 hält er sich mit Frau

Emilie fast ein Vierteljahr in Italien auf und kommt bis Neapel, 1875 fährt er allein nach Oberitalien. Allerdings sind diese Reisen immer Arbeitsurlaube: eine Novelle wird entworfen, ein Romanmanuskript überarbeitet, Druckfahnen sind zu korrigieren.

Von beruflichen und privaten Reisen her kennt Fontane mithin beträchtliche Teile Westeuropas von der Fingalshöhle bis zur Blauen Grotte, von Kopenhagen bis Wien, von London bis Rom, von Paris bis Prag und von der Atlantikinsel Oléron bis zum Ostsee-Eiland Usedom. Dreimal ist er in England und Frankreich, zweimal in der Schweiz und Italien, in Österreich und Dänemark. Seine Sommerfrischen sehen ihn mehrfach im Harz (Thale und Wernigerode), dann ziemlich regelmäßig im Riesengebirge (bevorzugt in Krummhübel), dazwischen auf Norderney und Föhr, in Warnemünde und Dobbertin. Und auf Dutzenden von »Kurzreisen« (oft an den Wochenenden und Feiertagen) trägt er, parallel dazu, das Material für die »Wanderungen durch die Mark Brandenburg« zusammen und erkundet die Szenerie für seine Romane.

Reise als literarischer Gegenstand

Kein Zweifel: Fontane ist ein *welt-befahrener* Mann (auch wenn »Welt« nur einen Teil Europas bedeutet) und ein *reise-erfahrener* Autor, der jeweils mit einem »ganzen Sack voll Münze« nach Hause kommt, um dort, wie er es formuliert, »die Goldpfennige von dem ganz gemeinen Dreier« zu scheiden. Die literarische Ausbeute seiner ausgedehnten Reisetätigkeit schlägt sich in einem bemerkenswerten Sektor seines Gesamtwerks nieder: in den fünf Bänden der »Wanderungen« (1861–1889), den autobiographisch bekenntnisreichen Berichten »Ein Sommer in London« (1854), »Jenseit des Tweed« (1860), »Kriegsgefangen. Erlebtes 1870« (1871), »Aus den Tagen der Okkupation« (1872) sowie in den dickleibigen drei »Kriegsbüchern« (1866, 1869/70 und 1872–1876). Ein Buch über Italien hat er demonstrativ *nicht* geschrieben, während sich Impressionen aus Dänemark, aus Thüringen und Mecklenburg in verstreut gedruckten Feuilletons finden.

Bereits in seinen erzählerischen Anfängen wird die Reise thematisiert (vor allem in der erst neuerdings aufgefundenen Erzählung »Zwei Poststationen«, aber auch in den aus dem Englischen adaptierten »Jagdgeschichten am Kap«), und Reisen haben auch in Fontanes eigentlichem Hauptwerk, seinen Romanen, eine auffällige Funktion; es gibt keinen, in dem nicht eine Hochzeitsreise, eine Dienst- und Urlaubsreise vorkommt oder wenigstens eine Landpartie dargestellt ist, und stets fällt solchen Ereignissen eine fast dramaturgische Aufgabe zu: die Italienreise der Melanie van der Straaten (»L'Adultera«), Holks Reise nach Kopenhagen (»Unwiederbringlich«), Effi Briests Kuraufenthalt in Schwalbach, Céciles Fahrt in den Harz, Frau von Carayons Besuch beim König in Paretz (»Schach von Wuthenow«), Lehnerts Flucht nach Amerika (»Quitt«), und in »Vor dem Sturm« erzählt Tante Schorlemmer gar von ihrem Leben auf Grönland.

Vor allem freilich in seinen Briefen hat sich das reisende Subjekt Fontane zum Thema »ausräsonniert«. Da er ein mitteilungsfreudiger, kommunikativer Mensch war, sind seine Briefe von den Reisen und über das Reisen ein richtiges Kompendium, das ebenso präzise wie amüsant Auskunft gibt über seine »Reisephilosophie« und seine »Reiseschicksale«. Reisen haben danach mit Neugier auf das Unbekannte zu tun, sie erweitern den geistigen Horizont und geben vernünftige Maßstäbe für das Verständnis von Heimat und Welt, von Preußen und Europa. Die Fremde lehre die Menschen, so sagt er 1872 in einem Essay über Willibald Alexis, nicht bloß sehen, sondern richtig sehen, und ihre Kenntnis bewahre sie vor der ridikülen lokalpatriotischen Verwechslung der Müggelberge mit dem Finsteraarhorn. Reisen zeigten Fontane, »daß hinterm Berg auch Leute wohnen« – diesen Satz hat er mehrfach als einleuchtende Metapher für tolerantes Denken in seinen Briefen gebraucht, bevor er ihn auch im »Stechlin«-Roman benutzt und mit den Worten präzisiert: »und mitunter noch ganz andre«. Diese Abgrenzung von regionaler Borniertheit findet in einer Äußerung von 1884 eine aufschlußreiche Ergänzung. Als nämlich die »Gefahr« besteht, daß das Sorgen- und Lieblingskind Mete nach Amerika gehen könnte, tröstet er seine Frau mit der Versicherung, es gäbe heutzutage keine Entfernungen mehr und man habe keine andere Heimat als die Erde.

Reisen haben für Fontane aber auch diesseits solcher kulturphilosophischer Überlegungen eine höchst praktische Bedeutung. Sie bringen geistige Auffrischung durch neue Eindrücke und interessante Bekanntschaften und – sie dienen der Wiederherstellung und Stabilisierung der Gesundheit. Gerade über diesen Aspekt läßt sich der ewig lufthungrige und geradezu bewegungssüchtige Fontane immer wieder aus und berät seine Familie und seine Freunde mit sentenziösen Empfehlungen (»Gute Gesundheit ist besser als eine Million«).

Bei alledem hat er schlichtweg das Abenteuer Reise geschätzt und gern heiter-ironisch in seinen Briefen darüber geplaudert. Dabei sind ihm, briefverborgen, druckreife Feuilletons gelungen, die er mit Vorliebe an seine Frau adressierte, die lange Zeit, mangels Geld für gemeinsame Unternehmungen, daheim bleiben mußte. Es ist köstlich zu lesen, mit wieviel subtilem Humor er sich als Opfer gegenüber der »Tücke des Objekts« zu schildern weiß. Mit hochgestimmten, poetischen Erwartungen will er 1870 die Kathedrale von Toul besichtigen, doch ein bedrohliches »Rumoren« in seinen Eingeweiden zwingt ihn zu schleuniger Rückkehr ins Hotel, wo ihm eine peinliche Suche nach der Toilette bevorsteht. Ähnlich ergeht es ihm 1889, als er, der große Richard-Wagner-Skeptiker, schon während der Ouvertüre zu »Parsifal« das Festspielhaus fluchtartig verlassen muß. Solche Banalitäten des Lebens, die ihm oft das »Reiseglück« trüben, hat er voller Witz geschildert: die Magenverstimmung seiner Frau in Thüringen, die Schwierigkeit mit Spiegeleiern in Frankreich.

Reisebericht als Kulturkritik

Zu diesen Briefen, in denen er, selbstverschuldet, der komische Held von Pech- und Pannensituationen ist, gesellen sich in großer Zahl jene Texte, die sich mit den objektiven Mängeln der zeitgenössischen Reise-Industrie auseinandersetzen. Fontane ist Zeuge und teilweise Chronist des beginnenden, ja zum Teil schon hochentwickelten Massentourismus, der sich in der zweiten Hälfte des 19. Jahrhunderts bereits zu einem einträglichen Wirtschaftszweig ausgebildet hat. Gemessen an den gewinnorientierten Praktiken von Hoteliers und Gastronomen seiner Tage verklären sich ihm die Erinnerungen an seine Jugend, und die Postkutschenzeit scheint eine Ideal- und Idyllepoche für alle Reisenden gewesen zu sein, während ihm »das moderne Reisewesen« äußerst »reparaturbedürftig« vorkommt. Dabei geriert er sich keineswegs als »leberkranker Nörgler«, der ausgerechnet nach dem verlangt, was nicht verfügbar ist; nein, er ist nur der hellsichtige Zeitgenosse, der mit gesundem Menschenverstand urteilt und das Unzumutbare, das er über sich ergehen lassen muß, beim Namen nennt. So konstituieren die Fontaneschen Texte, die sich mit dem Reisen beschäftigen, ein drastisches, nur durch seinen Charme und Esprit gemildertes Kapitel aus der Geschichte der Alltagskultur im 19. Jahrhundert, und Fontane erscheint sozusagen als Anwalt der »geschindluderten Menschheit« – wobei er seine Erfahrungen in Schottland, Frankreich und Italien durchweg mit mehr Gelassenheit zum besten gibt als die oft grotesken Erlebnisse in Brandenburg und Schlesien.

Als »in der Wolle gefärbter Preuße«, als »geeichter preußisch-deutscher Patriot« (so bezeichnet er sich mehrfach) erbost er sich über die Unzulänglichkeiten der Verkehrsverhältnisse (zum Beispiel über die überhöhten Preise für den »Hauderer«, das unumgängliche Mietfuhrwerk in der märkischen Provinz). Warum Eisenbahnachsen so oft heißlaufen und Lokomotivenkessel »lecken«, so daß erst »eine neue Maschine« angeheizt werden muß, versteht er ebensowenig wie die Kalamität mit überfüllten Speisewagen. »Immer nehmen wir das Maul voll«, daß in Deutschland alles am besten sei, klagt er, die Wirklichkeit aber sieht anders aus.

Speziell bei der Porträtierung umöglicher Reisegefährten und Hotelgenossen neigt er zu weitreichenden Schlußfolgerungen; die Begegnung mit dem Pastor und seiner todkranken Frau im Zug nach Cottbus gerät zu einer aggressiven Abrechnung mit protestantischer Geistlichkeit überhaupt, und in der Beschreibung der sogenannten »klimatischen Luftkurorte« kommen häufig seine vor allem auf die Parvenus bezogenen antijüdischen Ressentiments zum Vorschein.

Hauptgegenstand von Fontanes kritischen Erörterungen ist die Table d'hôte, das heißt die damals in europäischen Hotels noch übliche Gepflogenheit, alle Gäste zu einer festgelegten Zeit an einer gemeinsamen Tafel nach einem unumstößlichen Reglement mit einheitlicher Speisenfolge zu beköstigen. Über diesen obligatorischen »Wettlauf zwischen Langerweile und Hungrigbleiben« regt er sich ständig aufs neue auf. Er, der Gourmet und Gourmand, wollte essen, *was* und *wann* er wollte. Auch die Qualität des Essens selbst stellt ihn selten zufrieden. Hammel und Lachs und Lachs und Hammel (wie in London) seien an sich schon schlimm, aber wenn beide auch noch verdorben seien, könne man es nicht aushalten. Der alternde Fontane, der seinem Magen derlei Ungereimtheiten (die er mit Korn und Cognac wegzuspülen pflegt) nicht mehr zumuten mag, plädiert daher für »Selberwirtschaftführen« oder – wie er augenzwinkernd sagt – »sich selber kochen«, denn für die großen Hotels mit vorzüglicher Küche reicht sein Geld nicht aus. Er ärgert sich über die Arroganz von Wirten und Kellnern, über »Trinkgelderhang« und hohe Rechnungen, die in keinem Verhältnis stehen zur Schmuddeligkeit der Etablissements. Ekel überkommt ihn beim Fettwrasen aus der Küche und bei all den undefinierbaren Gerüchen, die aus »Hofestiefen« in sein Zimmer dringen.

Und über eines regt sich der empfindliche, überdies von seinen fragilen »Leibeszuständen« geplagte Fontane am meisten auf: über die denkbar unhygienischen Toilettenverhältnisse. Seit den England-Jahren an den Komfort des water closet gewöhnt, hat er sich in seinen diversen Berliner Wohnungen und den Gasthöfen der Provinz mit dem Plumpsklo abzufinden, und in der Sommerfrische pflegte er sich zuerst nach »verschwiegenen Lauben im Wald« umzusehen. Die Angelegenheit wurde nicht wesentlich erträglicher, wenn, wie in Rüdersdorf, der Lokus im Levkojenbeet oder, wie in Schlesien, unter Apfelbäumen stand.

Angewidert von den Umständen, hätte Fontane die Unappetitlichkeit am liebsten öffentlich zur Sprache gebracht, und er wollte einen Aufsatz schreiben, der wortspielend überschrieben sein sollte: »Jeder Ort in Deutschland scheitert am Örtchen«.

Die vorliegende Auswahl aus Werken und Briefen will sozusagen dieses nicht geschriebene Feuilleton ersetzen. Es könnte auch »Jauche und Levkojen« heißen, wenn Christine Brückner diese Fontane-Wendung nicht schon für ihre Erinnerungen gewählt hätte.

Gotthard Erler

Unterwegs und wieder daheim
Reiseschicksale

»Ich glaube, daß das ganze moderne Reisewesen sehr reparaturbedürftig ist; auszuhalten ist die ganze Geschichte nur von denen, die so gesund und kreuzfidel sind, daß sie füglich auch zu Hause bleiben könnten.«

An Friedrich Stephany, 28. Juli 1886

Der Professor im Bordell

Um 9 Uhr abends war ich in Köln. Die Stadt ist scheußlich, der Dom das Herrlichste, Großartigste, was ich überhaupt je gesehn. [...] Begeb ich mich vom Dome ins Hotel. Es ist so wie hundert andre. Beefsteaks, Kellner, abgerissene Klingel – alles wie bei uns zulande; nur von dem Bett muß ich Dir eine Beschreibung machen. Das Gestell groß, hoch und von einer Solidität der Bauart, als sollten 6 Brautpaare wie König Gunther und Brunhilde ihr Beilager darin halten; dazu ein Deckbett von der Größe eines mäßigen Oreillers [Zierkissen], so daß ich mich gezwungen sah, Schlafrock und Mantel als Hilfstruppen heranzuziehn. Half aber doch nichts, ich fror jämmerlich und laboriere seitdem an Zahnweh, das ich auch hier nicht loswerden dürfte, da mein Schlafzimmer kalt und ein Erscheinen in Filzschuhen, Shawl und andren Zieraten meiner Gesundheitsnecessaires leider unangebracht ist. – Das Interessanteste in meinem Kölner Hotel war das Water-Closet: es ist sehr eng darin, und die Wand vor einem befindet sich so nahe, daß man sie mit der Nasenspitze berühren kann. Diese zudringliche Nähe war von talentvollen jungen Malern, die sonst wohl die Mauern und Wände der Häuser mit gewissen, mehr riesigen als naturgetreuen Abbildungen auszustaffieren pflegen, zu ähnlichen Kunstleistungen benutzt worden, die teils aus Bleistiftzeichnungen, teils aus dauerhaften tiefen Gravierungen bestanden. Mitten unter diesen lautren Schöpfungen der Phantasie und Laune befand sich, wie ein Professor im Bordell, die bekannte Figur des pythagoräischen Lehrsatzes, die mich vorzeiten auf der Quartaner-Bank immer sehr traurig gestimmt, heute aber mein hellstes Lachen zur Folge hatte.

An Frau Emilie, Aachen, 6. April 1852

»Weltläufigkeit«

Um 5 Uhr aufgestanden, um nach Brighton zu fahren. Den alten Bahnhof (von wo auch ich vor 8 Jahren dieselbe Tour machte) aufgesucht und erst dort erfahren, daß die Züge nicht mehr von Bricklayers-Arms, sondern von London-Station aus gehn. Hingetrabt; dennoch zu spät gekommen. – Morgenpromenade durch die City; kein Lokal geöffnet und die Unmöglichkeit eingesehn, dort bei Kaffee oder Tee den nächsten Zug abzuwarten. Zurückgeschlendert nach Burton-Street. Um 10 mit dem Steamer von Vauxhall-Bridge aus mein Heil noch mal versucht; – wieder zu spät gekommen. Brighton aufgegeben und mit dem Omnibus nach Richmond. 4 Deutsche (einer von der Truppe Emil Devrients) neben mir auf dem Wagendach; nachher mit 3 andern (dem Anschein u. der Sprache nach süddeutsche Demokraten) zusammen gegessen. Die Zahl der Deutschen ist so enorm groß, daß man mitunter auf heimatlichem Boden zu sein glaubt und sich wundert, daß nicht auch die Schilder der Kaufläden deutsche Inschriften tragen. Fast nur die Kinder und die Constabler, allenfalls auch noch die Kutscher sprechen englisch; wogegen man jeden Kellner, jeden Commis, jeden Handwerker – namentlich bestimmte Professionen – und jeden Menschen mit unrasiertem Kinn (dies ist das Hauptkennzeichen) deutsch anreden und einer deutschen Antwort gewiß sein kann. Die City ist eine deutsche Handelsstadt wie Hamburg oder Bremen, die eine Hälfte *ist* deutsch, die andere *spricht* es wenigstens. Wer heutzutage ein gereister Mann sein will, muß in China Tee getrunken und echte Nanking-Hosen getragen haben; muß in Australien Goldbuddler und in Californien ausführendes Mitglied der Lynchjustiz gewesen sein; muß die Größenunterschiede eines Patagoniers und Lappländers aus Anschauung kennen und die Guano-Inseln im Stillen Ozean durch einen tüchtigen Beitrag bereichert haben. Wer weniger gesehn hat, kann gleich lieber ruhig zu Hause bleiben und, wenn mal renommiert werden soll, sich umgekehrt damit brüsten: nie über Rixdorf hinausgekommen zu sein. – Doch zurück nach Richmond. Erst im »Greyhound« gegessen; der Wirt heißt Furz, was im Englischen hoffentlich weniger besagen will als im Deutschen. Bei uns wäre der Mann verloren, denn einmal untergräbt es den Appetit, zweitens könnte man auf die Frage: »bei wem essen Sie?« nie Antwort geben.

Tagebuch, 30. Mai 1852 (Pfingstsonntag)

Internationale »Coupé-Besatzung«

Der Anfang meiner Reise war recht hübsch. Mir gegenüber im Coupé saß Frau Oppenheimer, eine reiche Jüdin aus Hamburg, die mich ganz gut unterhielt und nur in den letzten Stunden etwas unbequem wurde, weil gewisse Muskeln ihres Organismus nicht mehr luftdicht schlossen. Im Hamburg verzieh ich ihr diese kleine Schwäche wieder, weil ich nie in meinem Leben so etwas von zärtlichem Empfang gesehn habe. Ihre Kinder waren auf dem Perron, und während der Zug noch lief, schrie sie schon: meine süße Mathilde, meine einzige Mathilde, mein zuckersüßes Kind etc. Die ganze Nachkommenschaft, männlich und weiblich, trabte neben dem Zuge her, und von Zeit zu Zeit klemmten sich 2 Lippen mit Todesverachtung durch den Fensterspalt und erhaschten einen Kuß von der unermüdlich mit ihren Lippen im Anschlag liegenden, vor Freude zitternden Mama. Es war lächerlich, aber doch hübsch. Das

Beste ist heutzutage überhaupt lächerlich. – Der Rest der Coupé-Besatzung bestand aus einer dänischen Familie und einem schwedischen jungen Ehepaar. Was dies letztre angeht, so könnte man von demselben sagen: es leistete in ehelicher Zärtlichkeit dasselbe, was die Oppenheimern in Mutterliebe prästierte. Ich muß Dir bekennen, daß mir ein paarmal bange wurde und der Gedanke in mir aufstieg: wie nun, wenn du der Zeuge einer alleräußersten Szene wirst? Ich blieb in Zweifel, ob ich für diesen Fall die Notfahne heraushalten oder mein Haupt im Schoß der alten Oppenheimern verbergen sollte. – Von der dänischen Familie ist weiter nichts zu sagen, als daß der Alte sehr häßlich und die Alte sehr böse aussah; – die Tochter war blond, verschämt und strickte Filet.

An Frau Emilie, London, 11. September 1855

»Man hat mir den Kopf verkeilt«

Nur ein paar Worte. Es geht mir sehr gut; zwei Tage bin ich erst fort, und doch hab ich schon so viel gehört und gesehn, daß mir zumute ist, als hätt ich Euch vor 8 Tagen verlassen. Cossenblatt, wiewohl eher schaurig als schön, war doch ganz famos und gibt ein vortreffliches Kapitel; was mir aber vorzugsweise den Eindruck gibt, als hätte ich schon wer weiß wieviel erlebt, das ist der Umstand, daß ich diesmal auf so viele vielsprechende Leute gestoßen bin. Um den Berolinismus zu gebrauchen: »man hat mir den Kopf verkeilt«. Amtmann Buchholtz in Kossenblatt, Pastor Stappenbeck ebendaselbst, dessen Frau und Schwägerin, heute nun ein gewisser Beeskower Krösus namens Ribbeck (auf der Fahrt von Beeskow bis Fürstenwalde – der Kerl erzählte drei volle Stunden, ohne auszuspucken), und nun endlich der Kammerdiener des Herrn v. Massow namens Lavas haben mir so viel erzählt, Kluges und Dummes, Interessantes und Langweiliges, daß mir der Kopf schwirrt. Ich schleppe an einem ganzen Sack voll Münze und werde erst zu Hause die Goldpfennige von dem ganz gemeinen Dreier scheiden können.

An Frau Emilie, Steinhöfel bei Fürstenwalde, 3. Mai 1862

Fahrten wie in Schottland

Es war sehr hübsch, daß Dein Brief am Sonntag morgen hier eintraf; ich war zwar, trotz des windigen Wetters, in Teupitz gewesen, war aber schon wieder zurück. Ich reiste am Freitag abend um 8 hier ab und war um 4 Uhr morgens in Teupitz, schlief 3 Stunden in einem Bett, in dem *wenigstens* schon einer geschlafen hatte, fuhr dann über den schönen See, besuchte Schloß und Kirche, zuletzt einen Berg, von dem aus man die ganze Herrschaft Teupitz mit ihren Bergen und Seen überblickt, fuhr um 2½ wieder ab und war um 7½ schon wieder in Berlin. Trifft sich's so, daß man die Posten benutzen kann, so spart man viel Zeit und Geld. Die Fahrt war sehr angenehm, und da man auch, wenn man für 20 oder 25 Personen ein Dampfschiff (das Köpnicker) mietet, zu *Wasser* nach Teupitz fahren kann, so hat die Merckel den lebhaften Wunsch geäußert, daß wir, bald nach Deiner Rückkehr, eine solche Fahrt machen. Es geht an Stralow, Köpnick, Müggelsbergen, Königs Wusterhausen etc. vorbei, immer fast auf breiten Seen, Berge rechts und links, so daß es wirklich sehr schön sein muß. Kein Mensch ahnt, daß man in der *Mark* solche Fahrten machen kann, die wahrscheinlich mit den Fahrten auf dem Loch Neß und Loch Lochy (der sogenannte Kaledonische Kanal, von Inverneß aus) die größte Ähnlichkeit haben. Die Fahrt wird ohngefähr 6 Stunden dauern, von 6 bis 12; von 12 bis 4 in Teupitz; von 4 bis 10 wieder zurück. Wein, pie und tarts muß man mitnehmen und in Teupitz nur Zander essen, der dort sehr schön ist.

An Frau Emilie, Berlin, 23. Juni 1862

Als feuriger Liebhaber auf Reisen

Als feuriger Liebhaber, der ich doch nun mal bin, genügt es mir nicht, heute morgen geschrieben zu haben – ich schreibe heut abend wieder.

Es geht mir ganz gut – aber ich bin doch sehr hin, und diese Strapazen, so ungern ich es auch einräume, übersteigen doch meine Kräfte. Es soll eine Erholung sein und ist eigentlich eine riesige Arbeit. Schlösser, Kirchen, Kirchhöfe, Inschriften, Grabschriften, Bilder, Statuen, Parks, Grafen, Kutscher, Haushälterinnen, Vater, poetische Drechslermeister – alles das und hundert andres dazu tanzt mir hurly burly im Kopf herum, dazu die Landschaftsbilder, die alle beschrieben werden müssen, dazu gestern die Strapaze des Marschierens und Bergekletterns, und nun schließlich ein verdorbener Magen – das halte aus, wer kann. Ich habe in diesen 3 Tagen so viel gesehn, daß das bloße Sehen eine Arbeit wäre, aber es sehen und dabei beständig ordnen, schreiben, arbeiten, einreihen in andres ist wirklich eine große Anstrengung. Zum Glück ist hier niemand im Schloß als ein alter Bedienter und eine freundliche Haushälterin (übrigens über 50), sonst könnt ich es, wenn ich auch noch gesellschaftlich mich abstrapzieren müßte, geradezu nicht leisten.

Ich werde in einer Stunde zu Bett gehn und hoffe dann endlich mal wieder auszuschlafen.

An Frau Emilie, Kunersdorf, 16. September 1862

Unverschämte Reisegesellschaft

Die Fahrt nach Stettin war nicht sehr angenehm; ich hatte mich sicherheitshalber in ein Coupé für Nicht-Raucher gesetzt und tauschte dafür einen so penetranten Fischgeruch ein, daß ich schon in Neustadt Kopfweh hatte. Es gibt doch merkwürdig unverschämtes, im frechsten Egoismus drinsteckendes Volk.

Als wir nämlich in Stettin endlich ausstiegen und nur ich noch im Wagen war, kam ein kleiner, rotbäckiger pommerscher Junker, der mit uns gefahren war, noch mal zurück und zog unter seinem Sitz einen Korb hervor, der mit Leinwand überspannt war. Hatte sich dieser Esel mutmaßlich einige Zander aus Berlin mitgenommen und uns das Vergnügen gemacht, 4 Stunden lang im penetrantesten fish-smell sitzen zu müssen. Das nennt man hierzulande gentleman, und zu *dem* Behuf setzt man sich in ein Coupé für Nichtraucher.

An Frau Emilie, Heringsdorf, 24. August 1863

Man sieht nur, was man weiß

Ob du reisen sollst, so fragst du, reisen in der *Mark*? Die Antwort auf diese Frage ist nicht eben leicht. Und doch würd es gerade mir nicht anstehn, sie zu umgehen oder wohl gar ein »nein« zu sagen. So denn also »ja«. Aber »ja« unter Vorbedingungen. Laß mich Punkt für Punkt aufzählen, was ich für unerläßlich halte.

Wer in der Mark reisen will, der muß zunächst Liebe zu »Land und Leuten« mitbringen, mindestens keine Voreingenommenheit. Er muß den guten Willen haben, das Gute gut zu finden, anstatt es durch krittliche Vergleiche totzumachen.

Der Reisende in der Mark muß sich ferner mit einer feineren Art von *Natur-* und *Landschaftssinn* ausgerüstet fühlen. Es gibt gröbliche Augen, die gleich einen Gletscher oder Meeressturm verlangen, um befriedigt zu sein. Diese mögen zu Hause bleiben. Es ist mit der märkischen Natur wie mit manchen Frauen. »Auch die häßlichste« – sagt das Sprichwort – »hat immer noch sieben Schönheiten.« Ganz so ist es mit dem »Lande zwischen Oder und Elbe«; wenige Punkte sind so arm, daß sie nicht auch ihre sieben Schönheiten hätten. Man muß sie nur zu finden verstehn. Wer das Auge dafür hat, der wag es und reise.

Drittens. Wenn du reisen willst, mußt du die *Geschichte* dieses Landes *kennen* und *lieben*. Dies ist ganz unerläßlich. Wer nach Küstrin kommt und einfach das alte graugelbe Schloß sieht, das, hinter Bastion Brandenburg, mehr häßlich als gespensterhaft aufragt, wird es für ein Landarmenhaus halten und entweder gleichgültig oder wohl gar in ästhetischem Mißbehagen an ihm vorübergehn; wer aber weiß: »hier fiel Kattes Haupt; an diesem Fenster stand der Kronprinz«, der sieht den alten unschönen Bau mit andern Augen an. – So überall. Wer, unvertraut mit den Großtaten unserer Geschichte, zwischen Linum und Hakenberg hinfährt, rechts das Luch, links ein paar Sandhügel, der wird sich die Schirmmütze übers Gesicht ziehn und in der Wagenecke zu nicken suchen; wer aber weiß, hier fiel Froben, hier wurde das Regiment Dalwigk in Stücke gehauen, dies ist das Schlachtfeld von Fehrbellin, der wird sich aufrichten im Wagen und Luch und Heide plötzlich wie in wunderbarer Beleuchtung sehn.

Viertens. Du mußt nicht allzusehr durch den Komfort der »großen Touren« verwöhnt und verweichlicht sein. Es wird einem selten das Schlimmste zugemutet, aber es kommt doch vor, und keine Lokalkenntnis, keine Reiseerfahrung reichen aus, dich im *voraus* wissen zu lassen, wo es vorkommen wird und wo nicht. Zustände von Armut und Verwahrlosung schieben sich in die Zustände modernen Kulturlebens ein, und während du eben noch im Lande Teltow das beste Lager fandest, findest du vielleicht im »Schenkenländchen« eine Lagerstätte, die alle Mängel und Schrecknisse, deren Bett und Linnen überhaupt fähig sind, in sich vereinigt. Regeln sind nicht zu geben, Sicherheitsmaßregeln nicht zu treffen. Wo es gut sein könnte, da triffst du es vielleicht schlecht, und wo du das Kümmerlichste erwartest, überraschen dich Luxus und Behaglichkeit.

Fünftens und letztens. Wenn du das Wagstück wagen willst – »füll deinen Beutel mit Geld«. Reisen in der Mark ist alles andre eher als billig. Glaube nicht, weil du die Preise kennst, die

Sprache sprichst und sicher bist vor Kellner und Vetturinen, daß du sparen kannst; glaube vor allem nicht, daß du es *deshalb* kannst, »weil ja alles so nahe liegt«. Die Nähe tut es nicht. In vielen bereisten Ländern kann man billig reisen, wenn man anspruchslos ist; in der Mark kannst du es nicht, wenn du nicht das Glück hast, zu den »Dauerläufern« zu gehören. Ist dies nicht der Fall, ist dir der *Wagen* ein unabweisliches Wanderungsbedürfnis, so gib es auf, für ein Billiges deine märkische Tour machen zu wollen. Eisenbahnen, wenn du »ins Land« willst, sind in den wenigsten Fällen nutzbar; also – Fuhrwerk. Fuhrwerk aber ist teuer. Man merkt dir bald an, daß du fortwillst oder wohl gar fortmußt, und die märkische Art ist nicht so alles Kaufmännischen bar und bloß, daß sie daraus nicht Vorteil ziehen sollte. Wohlan denn, es kann dir passieren, daß du, um von Fürstenwalde nach Buckow oder von Buckow nach Werneuchen zu kommen, mehr zahlen mußt als für eine Fahrt nach Dresden hin und zurück. Nimmst du Anstoß an solchen Preisen und Ärgernissen – so bleibe zu Haus.

Vorwort zur zweiten Auflage des Bandes »Die Grafschaft Ruppin«, August 1864

Mehr Kalbsbraten und weniger Schokolade

Dein ausführlicher Brief mit seinen hübschen Schilderungen hat uns sehr erfreut; die Leistungen Eures ersten Tages aber haben uns außerdem noch mit einem besondren Respekt erfüllt. Erst Reise, dann Trennung, dann Kirchhof, dann Fritz Reuter, dann Wartburg, dann Russen und Polen, dann Wiedersehn, Musik und Sonnenuntergänge, man hat den Eindruck, als hättet Ihr auf dieser oder jener Kuppe gestanden, Umschau gehalten und mit dem Finger knipsend die Frage getan: »ist kein Montblanc da? wir sind mal dabei, und auf ein bißchen Gletscher mehr oder weniger kommt es uns heute nicht an. Wir sind noch frisch von Berlin und der Berliner kann alles.« Gott erhalte Euch bei dieser Stimmung und dieser Rüstigkeit. Im übrigen – wenn ich Eure letzten Mitteilungen an den Gatten und Schwager in Erwägung ziehe – habe ich den Eindruck, als müßtet Ihr etwas flotter leben, mehr draufgehn lassen, mehr essen, mehr trinken, mehr reiten, mehr fahren, mehr Konzerte, mehr Ausflüge in die Nachbarschaft, mehr Bekanntschaften, mehr Cour machen (d. h. Empfangnahme davon), mehr allgemeiner großer Reisejubel. Luft ist gut, aber Stimmung ist besser; 14 Tage Reiselust sind besser als 4 Wochen Reiseluft. Eher das Vergnügen kürzen, als es nicht voll genießen. Mehr Rationen Kalbsbraten und weniger Schokolade.

An Schwester Elise, Berlin, 31. Juli 1865

Reisegefährten

Meine Reise war sehr angenehm. Bis Brandenburg ein Oberförster aus der Gegend von Teupitz; bis Burg ein Ökonom, der wie ein Zwillingsbruder von Adalbert Kummer aussah; bis Magdeburg allein. Wir brauchten ¾ Stunden, eh wir von der ersten Haltestelle, die schon *jenseit* des Bahnhofs liegt, in diesen einfahren konnten. Das ist doch zu lange, selbst wenn man dabei Gelegenheit hat, die eine Domflanke mit Muße zu studieren. Dafür aber nur ganz kurzer Aufenthalt. Schon vor 5 ging es weiter. Gesellschaft: wieder ein Ökonom. Dieser war aber interessant. Er erzählte mir, daß er aus der Braunschweiger Gegend sei, daß er bei dem reichen Herrn Loebbecke serviere, daß Herr Loebbecke (wie unser Behr und Nathusius) ein großer Schafzüchter sei und daß er heute früh einen großen Rambouillet-Bock von 40 Louisdor Wert nach Magdeburg abgeliefert habe. Er sprach von Loebbecke wie von einem Halbgott und von Rambouillet-Böcken wie vom Taubengespann der Venus; alles im Ton poetischer Verklärung. Mir gefiel das sehr gut; viel besser als das wichtigtuerische über alles weg sein. »Sehen Sie«, sagte er, »es gibt gute und schlechte Menschen. Das kann man erkennen, wenn man beständig Böcke zu transportieren hat. Ich meine natürlich Rambouillet-Böcke. Die *guten* Menschen haben ein Mitleid, und wenn man ihnen ein Trinkgeld gibt, so stellen sie den Bock in einen Pferdewagen; aber die meisten Bahnmenschen sind schlechte Menschen: sie haben eine wahre Wut, einen Bock ins Hunde-Coupé zu bringen, und ich bitte Sie, das hält ein ordentlicher Bock nicht aus.«

An Frau Emilie, Thale, 18. Mai 1868

Touristen erobern den Harz

Der heutige Vormittag war durch den Fremdenbesuch sehr interessant. Von 8 bis um 1 kamen fünf Züge, im ganzen vielleicht 1000 Menschen. Wenn die Coupétüren geöffnet wurden und alles in weißen Kleidern auf den Kies sprang (ein Perron ist nicht), so sah es aus, als würde der Sommer ausgegossen.

Die Touristen zu beobachten war außerordentlich amüsant. Ich unterschied verschiedene Gruppen.

Da waren zuerst die ganz jungen Leute, lauter »Kraftmeier«. Sie stiegen aus, würdigten das Hotel, als einer Stätte der Verwöhnung, keines Blicks, rückten sich den Spitzhut, der einen Eichenzweig und bei einigen sogar einen Gemsbart trug, kriegerisch zurecht, zogen den Rock aus und nahmen die Roßtrappe sofort im Sturm.

Eine andre Gruppe bildeten die *Renommisten,* die See-Befahrenen, die Neunmalklugen. Sie kehrten nicht ein, aber sie sahen sich das Hotel wenigstens an, oder vielmehr sie ließen ihren Trupp halten, um jeden einzelnen auf diese Sehenswürdigkeit aufmerksam zu machen. Diese Renommisten hatten nämlich sozusagen Offiziersrang; sie waren Rottenführer und standen immer an der Spitze eines Trupps, den sie kommandierten. Unglücklich der arme Harzer Guide, der sich einem solchen Rottenführer näherte, um ihm und seinem Trupp seine Hülfe anzubieten. Mit souveränem Lachen, wie es nur der aufschlagen kann, der seinen Baedeker in der Tasche führt, ging es an solchen Unglücklichen vorüber, Karte in Hand, auf den Hexentanzplatz los.

Eine dritte Gruppe waren die *Elegants*. Sie standen immer als liebenswürdige Schwerenöter an der Spitze weiblicher Heerscharen. Wie man auf 500 Schritt die große Trommel hört, wenn irgendwo zum Tanze aufgespielt wird, so hörte man auf weiteste Entfernung immer nur die eine Wendung »meine Damen«. Die also Angeredeten hatten alle Ursach, sich der häufigen Wiederkehr dieser Wendung zu freun. Diese Damentrupps mit männlicher Führerschaft kehrten ein und genossen ein Bierchen, Schokolade, auch Bouillon mit Ei. Wenn die Damen zum Aufbruch mahnten, so lächelte der Führer verführerisch, wie wenn er sagen wollte: »meine Damen, was is mich Roßtrappe? Liebe, Liebe is mich nötig.« Brachen sie dann aber wirklich auf, so sah man die hellen Sommertoiletten, blau und rot garniert, die Berge hinaufklimmen, und alle 20 Schritt fuhr die linke Hand kokett nach hinten, um den jetzt modischen großen Popoknoten zu revidieren oder wieder in Ordnung zu bringen.

Eine vierte Gruppe, und mit dieser will ich schließen, waren die *Dicken*. Kurzbeinig, kurzhalsig, apoplektisch, rot und schweißtriefend tänzelten sie über den Kiesweg in das Hotel hinein, setzten gleich mit Sodawasser ein und erzählten von Touren, die sie vorhätten, daß einem trotz der Hitze ganz kalt werden konnte. Jeder hatte vor: »den Harz heute abzumachen«; fast alle hatten eine rote Blume im Knopfloch. Wie viele von ihnen heute bleiben werden (in jedem Sinne), steht dahin.

Genug von dieser Touristenflut.

An Frau Emilie, Thale, 21. Mai 1868

Freundliche Sanguiniker oder leberkranke Nörgler

Man kann alle Reisenden in zwei Charakterklassen teilen, in freundliche Sanguiniker, die überall sehen und auch sehen *wollen*, wodurch sich die Fremde vorteilhaft von ihrer Heimat unterscheidet, und in leberkranke Nörgler, die sich zu Hause eine Vortrefflichkeits-Schablone zurechtgemacht haben und über alles verstimmt sind, was davon abweicht. Wir gehören zur erstren Klasse, wofür Gott gedankt sei; aber sie bleibt doch sehr an der Oberfläche hängen und ist hinterher um so verstimmter, wenn sich zeigt, daß auch nicht alles Gold ist, was glänzt. Zudem spielt das Glück auch *hier* mit. Es gibt unter den vielen Glücks oder Glücken auch ein ganz bestimmtes *Reise*glück; manche haben's nie, andre immer.

An Frau Emilie, Berlin, 25. April 1870

Rotwein und Bier in Dietendorf

Dietendorf. Wer kennte nicht die Erzählung vom Kesselflicker, der in das Bett eines Prinzen gelegt wurde. Ein ähnliches Märchenwunder hat auch über Station Dietendorf gewaltet, als es diesen Drei-Lehmkaten-Bau zum mittäglichen Speiseplatz der thüringischen Eisenbahn erhob. Wer nicht Hungers sterben will, *muß* hier essen; die Bahnverwaltung und die elementare Gewalt des eignen Triebes lassen keine Wahl. »Du mußt, du mußt, und kostet es dein Leben.«

Alles drängte also in den »Salon«. Zwei Tische waren gedeckt. Den ersten hatte die germanische Race bereits siegreich im Sturm genommen, und nur an der zweiten Tafel waren noch einige Plätze frei. Hier nahm ich Platz inmitten jener zwölf französischen Offiziere, deren entfesselter Beredsamkeit ich schon eingangs Erwähnung tat. Das Schmorstück mit einer dicken thüringischen Soße ging bereits von Hand zu Hand, der bekannte Schlachtschrei »Bier« drang von der germanischen Tafel her immer vielfältiger durch den Saal, an meiner Tafel aber (der französischen), in jener Verblendung, deren eben nur das Volk der Franzosen fähig ist, hieß es beständig: »Kellnèr, Wein! Kellnèr, *Rot*wein!« Dieser cri de guerre war augenscheinlich in diesen Räumen lange nicht vernommen worden; der angerufene Kellner wechselte also Blicke mit dem am Büfett stehenden dirigierenden maître d'hôtel und war augenscheinlich jedesmal froh, wenn das Geschrei der Nachbartafel ihn wieder in einen klareren Wirkungskreis hineinzog. Zugleich aber war doch auch das »garçon, *Rot*wein« von Tafel II aus so mächtig angeschwollen, daß notwendig etwas geschehen mußte. In diesem Momente bewährte sich der Wirt als eine superiore Natur. Er nahm aus dem Hintergrunde seines Büfetts eine Platt-Menage größeren Stils, drin vier bestaubte St. Juliens (halbe Flaschen) standen, und setzte diesen turmartigen Rundbau, der unverkennbar immer nur als Tafelornament gedient hatte, vor den lautesten Schreier. Die gekünstelte Ruhe, mit der er es tat, verriet, daß er vor sich selber vor Gericht stand. Im nächsten Moment waren die Korken gezogen. Ich wandte mich ab. Der nationale Antagonismus ging nicht so weit, daß sich nicht eine lebhafte Teilnahme in mir geregt hätte. Dort die Söhne von Burgund und Bordeaux und – hier dieser »Dietendorfer«! Das dritte, drohende Läuten machte endlich der Szene ein Ende.

»Aus den Tagen der Okkupation. Eine Osterreise durch Nordfrankreich und Elsaß-Lothringen 1871«; »Ostersonntag«

Empfehlung

Das Reisen hat seine Gefahren wie alles andere; wer sie nicht mit in den Kauf nehmen will, muß zu Hause bleiben oder die große Linie halten. Alles Beste aber, wie überall im Leben, liegt *jenseit* der großen Straße.

»Aus den Tagen der Okkupation. Eine Osterreise durch Nordfrankreich und Elsaß-Lothringen 1871«; »Eine Bekanntschaft«

In Radien das Land »durchstoßen«

Emilie hat Dir schon etwas über unsre Sommerpläne geschrieben. Es hat seine Richtigkeit damit. Ich ginge lieber nach Berchtesgaden und dem Königssee als nach Boltenmühle und dem Molchow-See und muß mich schließlich mit meiner Freundin Jeanne d'Arc trösten: ach, es war nicht meine Wahl. Mein Geschmack wird nicht befragt, sondern, ganz wie bei Johanna, meine Mission. Ihre Aufgaben hießen: Orleans und Reims, die meinen heißen: Wusterhausen und Neustadt an der Dosse. Sie hörte das Schlachtroß wiehern – ich werde ganzer »Rosse Getrabe« hören, wenn ich erst in das Gestüt von Neustadt trete. An welchem Lionel ich schließlich zugrunde gehen werde, gehört noch der historischen Entwickelung an. Hoffentlich ist es nicht der Rheinsberger Doktor, der auf dem Degen, auf dem der Schiffscapitain steckt, am Ende noch einen Platz frei hat. Das wäre eine verteufelte Geschichte.

Nun, wo möglich, ein paar vernünftige Worte. Ich will wirklich mit Frau und Kind irgendwo im Ruppinschen, am liebsten in der Lindower Gegend, mich niederlassen; kennst Du vielleicht einen guten Platz? Ich denke, ein geräumiges Lehrer-Haus (wenn es solche überhaupt gibt) würde meinen Wünschen am ehsten entsprechen. Ich will dann, von einem Mittelpunkte aus und immer zu diesem zurückkehrend, in Radien das Land durchstreifen oder »durchstoßen«, wie wir Militärs sagen.

An Schwester Elise, Berlin, 6. Januar 1873

»Wo waren Sie in diesem Sommer?«

Zu den Eigentümlichkeiten unserer Zeit gehört das Massenreisen. Sonst reisten bevorzugte Individuen, jetzt reist jeder und jede. Kanzlistenfrauen besuchen einen klimatischen Kurort am Fuße des Kyffhäuser, behäbige Budiker werden in einem Lehnstuhl die Koppe hinaufgetragen, und Mitglieder einer kleinstädtischen Schützengilde lesen bewundernd im Schlosse zu Reinhardsbrunn, daß Herzog Ernst in fünfundzwanzig Jahren 50157 Stück Wild getötet habe. Sie notieren sich die imposante Zahl ins Taschenbuch und freuen sich auf den Tag, wo sie in Muße werden ausrechnen können, wieviel Stück auf den Tag kommen.

Alle Welt reist. So gewiß in alten Tagen eine Wetter-Unterhaltung war, so gewiß ist jetzt eine Reise-Unterhaltung. »Wo waren Sie in diesem Sommer«, heißt es von Oktober bis Weihnachten; »wohin werden Sie sich im nächsten Sommer wenden?« heißt es von Weihnachten bis Ostern; viele Menschen betrachten elf Monate des Jahres nur als eine Vorbereitung auf den zwölften, nur als die Leiter, die auf die Höhe des Daseins führt. *Um* dieses Zwölftels willen wird gelebt, *für* dieses Zwölftel wird gedacht und gedarbt; die Wohnung wird immer enger und die Herrschaft des Schlafsofas immer souveräner, aber »der Juli bringt es wieder ein«. Ein staub-grauer Reise-Anzug schwebt vor der angenehm erregten Phantasie der Tochter, während die Mutter dem verlegenen Oberhaupt der Familie zuflüstert: »Vergiß nicht, daß du mir immer noch die Hochzeitsreise schuldest.« So hofft es und heißt es in vielen tausend Familien. Wie sich die Kinder auf den Christbaum freuen, so freuen sich die Erwachsenen auf Mittsommerzeit; die Anzeigen der Saisonbillets werden begieriger gesucht als die Weihnachts-Annoncen; elf Monate *muß* man leben, den zwölften *will* man leben. Jede Prosa-Existenz sehnt sich danach, alljährlich einmal in poetischer Blüte zu stehen.

Die Mode und die Eitelkeit haben ihren starken Anteil an dieser Erscheinung, aber in den weitaus meisten Fällen liegt ein *Bedürfnis* vor. Was der Schlaf im engen Kreise der 24 Stunden ist, das ist das Reisen in dem weiten Kreise der 365 Tage. Der moderne Mensch, angestrengter, wie er wird, bedarf auch größerer Erholung. *Findet er sie?* Findet er das erhoffte Glück?

Modernes Reisen. Eine Plauderei, 1873

Rheumatismus-Debatte in der Postkutsche

Die Fahrt gestern tat mir wohl. Von Birkenwerder bis Oranienburg, etwa 1 Meile, setzte ich mich auf den Bock zum Postillon, um einer dicken Dame in schwarzem Samt, die mir die »Vorsteherin eines Instituts für junge Mädchen« zu sein schien, meinen Platz einzuräumen. *Sie* hätte sonst auf dem Bock sitzen müssen, was allerdings ein Anblick für Götter gewesen wäre. Meine Galanterie belohnte sich; ich machte draußen die Bekanntschaft des Postillons, der bei den schwarzen Husaren in Posen gestanden hatte und natürlich meinen Rogerowski kannte. Er erzählte mir auch von seinen eignen kriegerischen Schicksalen, die interessant genug waren. Er war aus Schlesien, deshalb schien mir 2½ Sgr. genug; einem Märker hätte ich 5 gegeben.

Die Gesellschaft in der Postkutsche selbst war in ihrer Art ebenso interessant. Einer, der vorzugsweise sprach, verbreitete sich über eine allerdings wichtige Frage wie folgt: »Ich habe einen Rheumatismus, denn ich schwitze sehr stark im Rücken. Jetzt ist es etwas besser. Wem verdanke ich das? Ja, meine Herren, Sie werden es nicht glauben, einzig und allein dem Shirting. Früher trug ich Wolle und Leinwand drüber. Der Shirting vereinigt beides, aber er ist besser als beide zusammengenommen. Ganz natürlich. Ich schwitze nämlich sehr stark im Rücken. Die Wolle schadet dabei nichts, aber, meine Herren, sie hilft auch nichts. Da ist nun der Shirting. Er tut das, was die Wolle nicht kann: er schmiegt sich an, er saugt alles auf, er trocknet. Ich trage ihn Winter und Sommer; auch nachts.« Einer, ein jüdischer Mann, versuchte zugunsten der Wolle zu intervenieren und ging so weit zu behaupten, »daß rote wollene Hemden *nie* schmutzig würden«; er wurde aber überstimmt.

An Frau Emilie, Gransee, 23. April 1874

Sehlustige Augen auf der Rückreise

Es ging wieder heim. Der »ewig blaue Himmel Italiens« lag unverändert über der Landschaft, aber diese Landschaft selber lag im Schnee. Eine tiefe Sehnsucht nach Teppich und Doppelfenster fröstelte mir durchs Herz, und die Aussicht auf einen Ruhetag in Florenz, der die Rückkehr in geordnete, namentlich aber in angenehm temperierte Zustände auf abermals vierundzwanzig Stunden hinausrückte, erfüllte mich mit sowenig Freude wie möglich. Und doch war an diesem Programm nichts zu ändern, schon deshalb nicht, weil auf dem Hinwege zwei große Florentiner Sehenswürdigkeiten leichtsinnig versäumt worden waren: die Mediceer-Kapelle in San Lorenzo und die Kirche Santa Maria Novella. Man braucht nicht alles zu sehen, aber gewisse Nummern sind unerläßlich. Im übrigen sei hier die alte Weisheits- und Reiseregel wiederholt: »Schiebe nichts auf.« Man muß sehr jung oder sehr gewissenhaft sein, um auf der Rückreise noch sehlustige Augen zu haben.

Der Zug hatte, trotz Glatteis, seine Zeit gehalten, und um 6 Uhr fuhren wir in den halbdunklen und beinah menschenleeren Bahnhof ein. Casa Nardini, die uns sechs Wochen vorher einfach, aber gut beherbergt hatte, war besetzt, und die Pension Suisse nahm uns statt ihrer auf, ein in allerbester Gegend gelegenes Hotel garni, das neben den Vorzügen dieser seiner Lage (in Via Tornabuoni, dem Palazzo Strozzi fast gegenüber) nur einen kleinen struwwelpeterhaften Oberkellner aus Altenburg und einen beständig unter Absinth stehenden Portier aufzuweisen hatte. Wir absolvierten rasch die übliche Gasthausunterhaltung, schoben uns todmüde unter die kümmerlichen, kaum für Sommerverhältnisse ausreichenden Dekken und standen am anderen Morgen, mehr durch eine frisch gehende Brise als durch unsern sehr unkompletten »thé complet« erquickt, in der Haustür des Hotels, um unsere Wanderschaft anzutreten.

»Ein letzter Tag in Italien«, 1875

Das Beste ist fahren

Friedel hat recht: das *Fahren* ist das Beste von der Geschichte. Einige machen die Hotels zur Hauptsache, andre die Bildergalerien, noch andere das Bergeklettern, als ob der Mensch von der Ziege abstammte. Dem allem steht die Friedelsche Schule, der ich mich anschließe, mit höherer Berechtigung gegenüber. Das Beste ist *fahren*. Mit offnen Augen vom Coupé, vom Wagen, vom Boot, vom Fiacre aus die Dinge an sich vorüberziehen lassen, das ist das A und das O des Reisens. Was noch übrigbleibt, ist Sache des Studiums, und auch mit diesem Studium ist es soso. In den seltensten Fällen ist es möglich, in den Kern der Dinge einzudringen, und wer sieben Monate lang in Rom lebte, wird nicht sehr viel mehr heimbringen als der, der es, sieben Tage lang, mit Plan und Buch in der Hand durchfahren hat. Wir lernen mit dem Auge am meisten; es ist beständig tätig; das Ohr nur sehr ausnahmsweise. Dazu kommt, daß wir im *Sehen* immer etwas empfangen, im *Hören* sehr oft nichts.

An Frau Emilie, Auf dem Lago maggiore, 9. August 1875

Vorteilhafte Brandschatzung in der Via mala

Also um 5 Uhr früh aus Chur. Ich hatte einen Platz im Cabriolet, neben mir zwei dänische Damen. Als Verfasser des »Krieges von 1864« schwieg ich mich patriotisch aus. Gleich der erste Moment, beim Einbiegen in die große Chaussee, war prächtig. Die Rhätischen Alpen schlossen dunkel den Horizont, aber hoch über die vorderste Linie hinweg schaute das Schneehaupt des Piz Beverin, das, eben im Morgenlicht erglühend, die sich ihm nähernden Fremden freundlich begrüßen zu wollen schien. Die Fahrt geht rheinaufwärts. Nach etwa drei Stunden hatte man Thusis erreicht, das am Eingangstor der berühmten Via mala gelegen ist. Ich orientierte mich ein wenig, während die Pferde gewechsel wurden. Jetzt trat der Kondukteur, ein breitschultriger Graubündner, dessen ursprüngliche Schweizer Barschheit längst in milde stimmenden Spirituosen untergegangen war, an mich heran und machte die Bemerkung, daß ich vom Cabriolet aus nicht viel sehen würde; »der Bankett-Platz, *das* sei das Wahre, um Umschau zu halten; die ›Differenz‹ könnte ich später an ihn erlegen«. Mein bereitwilligstes Eingehn auf diesen Vorschlag kostete mich, außer einer Anzahl Trinkgelder, 7 Francs 45 Centimes, die natürlich auch nur eine zwischen zwei, drei Verschworenen zu teilende Kriegskontribution waren. Der mir geleistete Dienst war aber viel größer als die Brandschatzung, so daß ich meinem Kondukteur auch noch nachträglich aufrichtig dankbar bin. Nur von dem offnen Bankett-Platz aus war es möglich, die Zauber dieser Straße auf sich wirken zu lassen, denn man muß eben imstande sein, jeden Augenblick, rechts oder links, nach oben oder unten blicken zu können. Beständig drängte sich mir die Erinnerung an das Böcklinsche Bild auf; alles war da; nur der Ichthyosaurus kuckte *nicht* aus seinem Felsenfenster heraus. Und dennoch fehlte auch *er* nicht; denn der Ichthyosaurus, den der Künstler so genial erfunden hat, ist allerdings der Genius loci dieses Orts, nichts als die Verkörperung des Schreckhaften, des Elementar-Ungeheuerlichen, das, aus Fabelzeiten her, hier seine Stätte hat.

An Frau Emilie, Auf dem Lago maggiore, 9. August 1875

Der große Knote der Weltgeschichte

Gestern um 4 bin ich glücklich, aber freilich stark in perspiration hier eingetroffen. Du hättest wieder sagen können »ganz sauer«. Unterwegs hatte ich mich mit meinen drei Damen, Polinnen, angefreundet. Sie waren alle drei sehr nett, am nettesten eine staubgrau gekleidete, die Dir George vielleicht schon beschrieben hat. Es ist doch kein leerer Wahn, was von der Liebenswürdigkeit und einem eigentümlichen »charme« der Polinnen gesagt wird. Die Deutschen mit ihrer »ewigen Ordnung« kann ich nicht als das Ideal der Schöpfung ansehn. Es ist gerade gut genug für den Alltag und – die Langeweile. Die Damen gingen nach Norderney, und ich bin gebeten worden, sie dort aufzusuchen. Absichten auf mich werden sie wohl nicht haben. Wenn nicht vielleicht der kl. Hut für 12 Mark mir auch einen »charme« gegeben hat. Unterwegs hatt ich noch ein *mir* sehr intressantes Erlebnis. Alles schrie nach Wasser, auch meine Damen. Ich stürzte dienstbeflissen heraus; unmöglich, es war nicht zu kriegen. Da sah ich Leute, Kinder und Erwachsene, mit Blechtöpfen am Brunnen stehn, und ich rief einem Manne von 40 Jahren zu: »hier, hier.« Und er kam auch und tränkte die Damen. Es entspann sich nun folgendes Gespräch:

Ich. Heiß heute.

Er. (achselzuckend) De l'Amérique.

Ich. Cuba, Havanna, San Domingo?

Er. (kopfschüttelnd und auf sich zeigend) Sam.

Die Sache hing also so zusammen. Es waren Auswandrer, die 4. Klasse fuhren und mit ihren Blechtöpfen an den Brunnen gelaufen waren. Einer von ihnen, der den Führer »bis hinüber« machte, war ein gewöhnlicher Amerikaner, mutmaßlich aus der Ohio- oder Mississippi-Gegend. Er war sofort bereit, auf meinen Zuruf den Damen Wasser zu bringen, eh er's noch seinen eignen Leuten brachte. Diese Form von Politesse, Menschlichkeit, ja selbst Ritterlichkeit imponierte mir riesig. Ein gewöhnlicher Deutsche hätte dies *nie* getan. Er denkt an sich und ist in seiner kleinen engen Seele zu jeder Gentilität unfähig. Es ist leider so. Dieses Fehlen jeder Spur von Kavalierschaft in unsrem Volksgemüt ist das, was uns so unbeliebt macht. »Der große Knote der Weltgeschichte.«

Meinen Kaffe nahm ich hier im Hotel auf einer entzückenden Terrasse, eine Blumen-Balustrade vor mir und dahinter ein Stück Park mit zahllosen Kindern, Kinderwagen und Kindermädchen. Es sah aus wie ein Feenmarkt. Dann ging ich in die Stadt – das sehr schöne Hotel liegt am Rande, am ehemaligen Wall – und flanierte 4 Stunden, kaufte mir Plan und Büchelchen und kenne nun Bremen so gut wie Berlin. Heute, mit dem letzten Zuge, will ich nach Emden. Dort bleib ich morgen und fahre am Montag früh nach Norden und von dort nach Lützburg.

An Frau Emilie, Bremen, 17. Juli 1880

Der Pferdefuß des alten Preußen

Um 7 ¾ wollt ich gestern aus Bremen fort, aber im letzten Moment hieß es: »die Maschine leckt«, so daß erst eine neue Maschine geheizt werden mußte. Dies dauerte fast eine Stunde, so daß es ein Wunder ist, daß wir den Anschluß an einen andern Zug nicht versäumten und immer noch einigermaßen rechtzeitig hier eintrafen. Gerad um Mitternacht. »In einer so ›kleinen Stadt‹ wie Bremen«, bemerkte ein mitreisender Bremenser spöttisch, »darf dergleichen vorkommen.« Bremen hat beiläufig über 100000 Einwohner. Dabei sei bemerkt, daß ich mich doch mehr und mehr zum Preußen- und Berlinertum zu bekehren anfange. Freilich spät, aber besser spät als gar nicht. Das *alte* Berlin und das *alte* Preußen war allerdings etwas Entsetzliches, und wo sein Pferdefuß (Schweine-Klaue wäre richtiger) zum Vorschein kommt, find ich es noch furchtbar.

An Frau Emilie, Emden, 18. Juli 1880

Vom Glück des Tages

Wir dachten hier schon an Vereisung event. an Untergang durch Sturm (*wer* sich dieser Anschauung zuneigte, braucht nicht erst versichert zu werden), und jetzt, wo Gott den Schaden besieht, grünen die Bellevue-Straßen-Kastanien um kein Haar schlechter als im vorigen Jahr und sitzen die Paare und Pärchen bei Josty gerade so glücklich und gelangweilt wie früher. Die meisten sehen aus, als trügen sie zu enges Schuhzeug und warteten auf den Moment, wo sie daheim und in bloßen Strümpfen das Glück des Tages vergessen können. Mitunter drängt sich mir die Frage auf, ob Gott wirklich die Menschen quält und ob sie's nicht bloß selber sind, die sich das Leben so schwer machen.

An Tochter Martha, Berlin, 5. Mai 1883

Mehr Spaziergänge, weniger Galerien

Zu den vielen Wünschen, die ich für Dich habe, gehört mit Rücksicht auf die momentane Lage vor allem auch *der*, daß Du so froh, so heiter, so zweifelsohne wie möglich in den herrlichen blauen Himmel hinauf- und auf das herrliche blaue Meer hinabschauen mögest. Glaube mir nach meinen reichen Reise-Erfahrungen überhaupt, aber speziell auch nach meinen aus zwei Aufenthalten herstammenden *italienischen* Erfahrungen, daß es nur *da*rauf ankommt, nur auf das, was auf der Straße liegt, was man von jedem Hotel- oder Wagen-Fenster aus sehen kann. Mama und ich sind vollkommen einig darüber, daß die weitaus größten Genüsse, die wir in Italien gehabt haben, Fahrten aller Art: auf Eisenbahn, Dampfschiffen, Booten, in Landkutschen und Droschken und außerdem Spaziergänge waren, Spaziergänge den Corso oder den Toledo (in Neapel; jetzt Via nazionale), die Piazzetta oder den Monte Pincio entlang, und daß alle Kunstgenüsse daneben verschwinden. Auch der wütendste Bilder-Tiger kommt außerdem noch sehr bald dahinter, daß er nicht alles, nicht ein Zehntel verschlingen kann und daß man sich mit Brocken begnügen muß. *Die* aber werden keinem versagt, so wenig, daß man eher umgekehrt sagen kann, sie fliegen einem wie Konfetti während der Karnevalszeit an den Kopf. Welche Plätze Ihr auch besuchen mögt, viele oder wenige, große oder kleine, eine reiche Ausbeute ist ganz unausbleiblich, was Du nach überstandener Campagne mit ebensoviel Dank wie Genugtuung erkennen wirst. Deine Gesundheitszustände sind leider nicht die besten, sind *die* wieder verbessert, so wird Dir alles in einem rosigen Licht erscheinen und Dich fähig machen, an jedem Atemzuge Deine Freude zu haben.

An Tochter Martha, Berlin, 16. März 1884

Empfehlungen für Rom

Statt eines Osterstollen wenigstens einen Osterbrief. Wo wir Dich in der Ewigen Stadt suchen sollen, wissen wir noch nicht, doch denk ich vorläufig in dem Hôtel sopra Minerva. Da hast Du die Kirche in der Nähe, in der, glaub ich, links neben dem Altar der wunderbar schöne Christus von Michel Angelo steht (mit einem Goldschuh, weil der Vorderfuß, wenn mir recht ist, abgebrochen war), da hast Du Monte Citorio, wo sich das römische Volk zu versammeln liebte, trotzdem der Monte nicht höher und größer ist als unser Schneckenberg, da hast Du die Piazza Colonna, den Palazzo Borghese, die Post, das Café Cavour, alles so nah, daß man sich vom einen zum andern einen Guten Morgen zurufen kann. Auch eine wundervolle Konditorei ist da, wo man kleine »Bouches« kriegt, Schokoladenbiscuits mit Crême-Füllung, woneben die ganze Herrlichkeit von Kranzler-Josty nur eine Roheit oder doch höchstens ein Kultur-Anfang ist. Und schrägüber von der Konditorei ist eine Wasserbude, wo statt schrecklichen Sodawassers mit noch schrecklicherem Himbeersaft bloß acqua, bloß Wasserleitungswasser verkauft wird, aber welch Wasserleitungswasser, nicht aus dem algenreichen Tegler See, sondern ein Wasser »vom Gebirge her«. Doch wozu Dir von *dem* erzählen, was Du vor Augen hast und in jedem Augenblicke genießen kannst; ich mach es wieder wie vor 14 Tagen bei Lindau, wo ich den neben mir sitzenden Prinzen von Meiningen, an der Hand Onkel Wittescher Weisheit und Erfahrungen, über Meininger Zustände unterhielt, bis ich mich entsann und mich entschuldigte.

An Tochter Martha, Berlin, 8. April 1884

Reisekosten

Unsre kleinen Oster-Diners bei Heydens und Wangenheims verliefen sehr angenehm, nur George, der bei H.'s mit eingeladen war, war mit der Verpflegung wenig zufrieden. Wir sehen dann immer, wie riesig verwöhnt die jetzige junge Welt ist, sogar in Wahlstatt, in der »dreckigen Ente«. George erzählte von einem befreundeten Oberstabsarzt, der vor kurzem bei Hiller ein Diner gegeben habe, 15 Personen. Die Rechnung betrug 700 Mark, also die Verpflegung jedes Gastes beinah 50 Mark.

Theo bezahlt *eine* Mark bei Oswald Nier inclus. 2 Glas Rotwein. Zu meiner Zeit hungerten die Oberstabsärzte. Übrigens finde ich 100 Franken täglich im Hôtel Quirinal zwar viel, aber doch nicht enorm viel. 100 Franken sind 25 Taler; rechne ich 8 Tlr. für die Wohnung (in Norderney bezahlt man täglich für 2 Stuben 5 Taler), ferner 4 Tlr. für die Diners, 2 für Lunch, 2 für breakfast und 2 für tea, so kommen die 7, die noch fehlen, für Wein, sonstige Getränke, Heizung, Licht, Service sehr bald heraus. Wenn ich im Harz bin, kostet jeder Tag etwas über 10 Mark, was für 4 Personen etwa 45 Mark oder 15 Tlr. betragen würde. Und nun bedenke: Rom, Osterzeit, Hôtel Quirinal und vornehme Wohnung statt »Schlafstube«. Wer als kleiner »pittore« zu reisen versteht, kann es *überall* noch billig haben, aber reisen auf großem Fuß ist kolossal teuer.

An Tochter Martha, Berlin, 18. April 1884

Alle diese Jammernester

Den Nachmittag habe ich in Rüdersdorf verbracht, wo ich mein Telegramm und meinen Brief abgab. Die Fahrt hin machte ich zu Schiff, zurück ging ich, nachdem ich mir Kirche, Kriegerdenkmal (hübsch auf dem Berge gelegen) und den Bergwerksbetrieb angesehn hatte. Der Ort wirkt so wie Plaue, Wilsnack etc. Alle diese Jammernester haben irgendwo einen Charme, eine relative Bedeutung: in Plaue das Schloß samt seinen historischen Erinnerungen, in Wilsnack die Wunderblutkirche mit ihrer immerhin interessanten Geschichte, in Rüdersdorf das Bergwerkswesen und die Wichtigkeit desselben für Berlin. Trotzdem – Du siehst, daß ich gelten lasse, was nur irgend Geltung beanspruchen kann – empfinde ich diesen märkischen Nestern gegenüber immer wieder den niedrigen Stand unsrer Provinz und seiner Bevölkrung. Berlin ist ein Ding für sich, und auch in vielen kleinen Städten mögen sich gelegentlich Erfreulichkeiten finden, im ganzen steht alles nach wie vor auf einer traurigen Tiefstufe, so daß die schlesischen Gebirgsdörfer wahre Paradiese daneben sind. Die Leute dort (in Schlesien) haben einen natürlichen Schönheitssinn, auch die ärmsten sind beflissen, alles niedlich, anheimelnd erscheinen zu lassen, dieser Sinn fehlt unsrer Provinz, alles ist arm, häßlich, trist, und mit der Wohlhabenheit fängt nicht der feine Sinn, sondern die Protzigkeit an. Es ist ein zuverlässiger, verständiger, intelligenter Menschenschlag, aber ohne jede Spur von dem, was gefällig wirkt.

Die Häuser hier sind mit Menschen besetzt, viele Kinder, doch scheint alles ausreichend artig und manierlich zu sein. Ich glaube nicht, daß große Störungen zu befürchten stehn. Auch Mücken, krähende Hähne etc. fehlen. Fehlen auch Wanzen u. Mäuse, so will ich zufrieden sein. Ich will nur arbeiten und mich in Wald- und Seeluft ergehn, und das werde ich ja wohl erreichen. Es gibt nur ein Mittel, sich wohl zu fühlen: man muß lernen, mit dem Gegebenen zufrieden zu sein und nicht immer *das* verlangen, was gerade fehlt.

An Frau Emilie, Seebad Rüdersdorf, 7. Juli 1887

Unzumutbares auf der Eisenbahn

Die Reise verlief gut mit kleinen Erlebnissen. In Lübbenau stieg ein Pastor mit seiner todkranken (Schwindsucht) Frau ein, die nach Hirschberg und von Hirschberg nach Reinerz wollten. Ich war allein. »Meine Frau ist krank, ich mache deshalb das Fenster zu und bitte Sie freundlichst, auch das Fenster an Ihrer Seite zumachen zu wollen.« Geschah. Nun ging es los. Furchtbare Hitze, die Sonne stach nur so, dazu das Husten in jämmerlicher Weise; der Pastor stand mit einer ledernen Reisetasche daneben, die nichts war als das Futteral für einen flaschenartigen Spucknapf. Dann schnappte die Reisetasche auf eine Minute (höchstens) wieder zu, während der kleine, fast hermetisch verschlossene Raum sich mit den eigentümlich süßlichen Miasmen des Lungenauswurfs der Schwindsüchtigen füllte. Ich kam beinah um, kuckte immer weg und roch an meinem kl. Esprit de Menthe-Fläschchen. In Cottbus, nachdem das mindestens ¾ Stunde gedauert hatte, sprang ich mit Sack und Pack aus dem Wagen und empfahl mich mit sehr kurzem Gruß. Das Ganze war wieder eine riesige Pastoren-Unverschämtheit – teile doch die Geschichte Herrlichs mit, aber nicht in Gegenwart von Fräulein Klingebeil –, eine jener selbstischen Brutalitäten, die das Vorrecht dieser unseligen Menschenklasse zu sein scheinen. Ach, daß ich mich, je älter ich werde, immer mehr dieser Heilslehre und nun gar erst ihren Vertretern entfremde! Bande, Bande und nochmals Bande. Wie glücklich bin ich, daß mein alter Theo dieser Gefahr entgangen ist. Stünde mir eine Zeitung zu Gebot, so würde ich den ganzen Fall zur Sprache bringen, nicht des dämlichen Pastors, sondern der dabei mitspielenden Frage halber. Die Frau war eine Sterbende und natürlich der Gegenstand meiner aufrichtigsten Teilnahme; aber weil mir eine Sterbende leid tut, kann man noch nicht von mir verlangen, daß ich mich zu ihr ins Sterbebett lege und die letzten Agonien mit durchmache. Die Sache war so toll, so schrecklich, so eklig, daß mancher, der selber schwach auf den Beinen ist, eine Krankheit davon hätte wegkriegen können. Wenn ich eine solche Sterbende nach Reinerz bringe, von Lübbenau noch über 30 Meilen, so muß ich ein ganzes Coupé nehmen, kann ich das nicht bezahlen, so muß ich an die Eisenbahn-Direktion eine Petition um Gewährung eines Coupés zu halb oder drittel Preis richten, geht auch das nicht, so muß ich altmodisch im eignen Wagen reisen, und habe ich nicht die Mittel dazu, so muß meine Frau zu Hause sterben. Aber es ist eine an Wahnsinn grenzende, nur von einem preußischen Prediger zu leistende Unverschämtheit, einem Coupégenossen zuzumuten, daß er das nicht bloß mit durchmachen, sondern daß er es auch an einem heißen Tage bei geschlossenen Fenstern in einem Raume von Kommodenkastengröße mit durchmachen soll. »Hol die Pest alle feigen Memmen«, sagt Falstaff, und ich setze hinzu: »hol die Pest alle Kerle mit einem weißen Halstuch und dem frommen Augenaufschlag«. Nochmals, Bande!

An Frau Emilie, Krummhübel, 17. Juli 1888

Rolandseck oder Eierhäuschen

Ich habe mich sehr gefreut, daß Du auf Rolandseck einen so schönen Nachmittag gehabt hast; das ist doch das Schöne, daß der Rhein solche Punkte hat, Punkte, bei denen Name und Geschichte mitwirken. Heine schrieb mal sehr richtig, es ist nicht dasselbe, ob ein Schneidergeselle eine Handschuhmamsell unglücklich liebt oder ein Montmorency eine Lusignan. So ist es auch mit den Namen unsrer Vergnügungsörter: Eierhäuschen, Hankels Ablage, Kaput – man fühlt ordentlich, wie das Vergnügen entzweigeht. Und nun daneben: Rolandseck, Drachenfels, Lorelei. Unkel nähert sich uns schon wieder, und Nonnenwerth ist lächerlich. Ich sehe nur Unzüchtigkeiten, wenn ich das Wort höre. Es liegt nicht an Nonne, sondern an einer merkwürdigen den Spott herausfordernden Zusammenstellung.

An Tochter Martha, Berlin, 25. Juni 1889

Die Kunst der Menschenbeobachtung

Die Langeweile ist kolossal und wäre noch kolossaler, wenn ich nicht das Menschenbeobachten zu einer mir lieben, unterhaltlichen und lehrreichen Kunst ausgebildet hätte. Ja, es steckt was von Genuß drin, von einer ganz feinen Sinnlichkeit, wie sie der künstlerisch beanlagte Mensch immer hat und haben *muß*, solang er als Künstler sieht und empfindet. Die Toiletten, ihre Schönheit und Sonderbarkeit, interessieren mich gleichermaßen und am meisten die Frauengesichter, aus denen man lange schreckliche Romane herauslesen kann, schrecklich durch Schuld und schrecklich durch Sühne. Mitunter sieht auch ein Gesicht nach Buße aus, nach Reue *nie*. Nichts ist seltener als Reue; jeder ist schließlich mit seinem Tun zufrieden und würd es, wenn es ginge, wieder so machen. Diese Beobachtungen retten mich, sonst käme ich um vor Langerweile. Nein, dies ist nicht richtig, die Langeweile stört mich nicht, ist mir fast willkommen – ich würde nur immer tiefer drin versinken.

An Frau Emilie, Kissingen, 2. Juli 1889

Ewig nehmen wir das Maul voll

Diese Zeilen sollen uns entschuldigen, daß wir, trotz Anmeldung, an Schönfeld vorübergeflitzt sind. Wie gewöhnlich kam alles anders als geplant: wir sind einzeln gereist, ich 8 Tage früher als meine Frau, und Leipzig wurde gar nicht berührt; an Halle vorüber ging es in 10 Stunden direkt nach Kissingen, ich Donnerstag, den 27. Juni, meine Frau Donnerstag, den 4. Juli. Nur eine Woche Unterschied, und doch waren unsre Reiseschicksale sehr verschieden: ich aß wundervoll, zwischen Groß-Heringen und Dietendorf, im Speisewagen, meine Frau, die sich auf ebendiese Wagen verlassen hatte, mußte 10 Stunden hungern, weil der Menschenandrang so groß war, daß der Speisewagen nicht für die Hälfte der Futterungsuchenden Platz hatte. Natürlich auch die Coupés überfüllt. Ich ärgre mich schwer darüber, nicht kleinlich persönlich – denn man kommt über das Unbequeme darin leicht weg –, aber in meiner Eigenschaft als geeichter preußisch-deutscher Patriot. Ewig nehmen wir das Maul voll, ewig bilden wir uns ein, »daß alles bei uns am besten sei«, und in Wahrheit ist alles am schlechtesten. Amerikaner müssen über diese primitiven Zustände lachen. Und so ist es mit allem. Die schofelsten, d. h. die gleichgültigsten Toiletten, die man hier sieht, stammen alle aus Berlin; was schön, reich, chic ist, fängt erst bei den Wienern und Engländern und vor allem bei den Polen und Russen an. Und fast das gleiche läßt sich – natürlich mit Ausnahmen – von den Menschen sagen. Welche inferiore Rolle spielt die »Berliner Madamm«, nicht einmal unsre reichen Jüdinnen können sich, auch nur annähernd, neben ihren Kolleginnen aus Odessa, Petersburg, Wilna, Lodz etc. behaupten.

An Moritz Lazarus, Kissingen, 8. Juli 1889

Sehnsucht nach dem heimischen Bettzipfel

Dienstag wollen wir nun fort, und zwar direkt zurück, alle Pläne, die sich abwechselnd auf München, Partenkirchen, König Ludwigs Zauberschlösser, Oberhof, Eisenach, Weimar richteten, sind aufgegeben. Zwar habe ich mich – nach einem starken Deprimiertsein in voriger Woche – wieder leidlich erholt, aber eine gewisse Reisemüdigkeit ist doch geblieben, und allen Plänen gegenüber begleitet mich die Frage: »was soll der Unsinn«, eine Frage, die überhaupt ganz und gar von mir Besitz zu nehmen droht. Zu nichts gehört so viel Kraft und Frische wie zum Vergnügen (viel mehr als wie zum Arbeiten), und von dem Augenblick an, wo diese Kraft und Frische nicht mehr da sind, sehnt man sich mehr nach dem heimischen Bettzipfel als nach den Schlössern König Ludwigs oder Ausstellung oder Turnerfest. Wir haben es hier sehr gut getroffen, Hausaufenthalt vorzüglich, alles sauber, freundlich, nett und nicht zu teuer, dazu Bekannte verschiedenster Art, dennoch bleibt, namentlich beim Mittagstisch, viel zu wünschen übrig, und wer diese 4 oder 5 Wochen in einem minder guten Hause oder wohl gar in einem anspruchsvollen Hotel mit unverschämten Oberkellnern und im übrigen fremd und einsam zubringen muß, für den ist solch Aufenthalt eine wahre Tortur, und die beste Brunnennixe kann weder mit ihrem Glauber- noch Bittersalz all den runtergeschluckten Ärger aus Leber und Galle wieder herausfegen. Im ganzen muß ich doch bei meinem alten Satz bleiben: das Reisen ist nur für sehr reiche und in Folge ihres Reichtums reisegeübte Leute; die »kleinen Leute« dürfen nicht reisen, sondern müssen in Schmöckwitz oder auch in Zinnowitz einen »Sommeraufenthalt« mit Bettsack und Schmortopf nehmen und sich selber kochen. Daß es uns hier so gut geglückt, ist ein halbes Wunder.

An Tochter Martha, Kissingen, 3. August 1889

Normalzustände bei der Eisenbahn

Martha ist seit Sonntag Mitternacht in Bonn. Vor Hannover brannte die Achse ihres Wagens, und in Hannover selbst erklärte der Stationsvorsteher dem Zugführer, »er dürfe einen so schlecht ausgestatteten Zug« (alles war in der Tat erbärmlich) »eigentlich nicht weiterlassen«. Vor Hamm brannte dann auch die Achse eines andern Wagens noch mal, um doch auch was zu spenden. Das sind Normalzustände.

An Karl Zöllner, Berlin, 9. Januar 1891

Ein gräßliches Vergnügen

Ich sprach von »Einsamkeit«; die ist für uns da, seit uns Martha grade heute vor 14 Tagen verlassen hat; sie hatte, beiläufig, wieder Fabelhaftes unterwegs zu bestehn und suchte schließlich Schutz bei Hofprediger Frommel, von dem sie wußte, daß er in einem Wagen 1. Klasse mit auf dem Zuge war. Frommel war auch sehr liebenswürdig. Das Abenteuer, das sie zu bestehn hatte, ging übrigens von einer vom schönen Geschlechte aus, ein weiblicher Drachen, der bei glühender Hitze alle Fenster geschlossen haben wollte, so daß Martha, die Ozon braucht, beinah stickte. Erwäge ich, daß solche und ähnliche Szenen in einem fort spielen, so finde ich doch diese ganze Reiserei, dies durch die Welt fliegen in einem Kasten, ein gräßliches Vergnügen.

An Karl Zöllner, Zillerthal/Riesengebirge, 5. September 1892

Hauptquelle von Glück und Zufriedenheit

Eine Hauptquelle von Glück und Zufriedenheit [...], wenn ich nach meinen Erfahrungen urteilen darf, ist das Reisen, der Ort- und Luftwechsel, der Leib und Seele frisch macht und einem zugleich die Vorzüge des Heims immer neu zum Bewußtsein bringt. – Über unser Leben wird Dir wohl Mama ausführlicher schreiben; ein Haupterlebnis war ein Nichterlebnis, das Ausfallen einer nach *Holland* hin geplanten Reise, auf die ich mich gefreut hatte, um mich schließlich davor zu graulen. Holländische Wiesen verlangen Sonnenschein und Sommerwetter; bei Regen und Kälte, daran diese Oktobertage reich waren, ist es ein mäßiges Vergnügen. Und wer hat noch Kunstgedanken, wenn er Ursache hat, an eine Leibbinde zu denken?

An Sohn Theodor, Berlin, 2. November 1894

Individual- oder Gesellschaftsreise

Es gibt Reise-Genies, die immer was Interessantes erleben, weil sie sich zu introduzieren und zu insinuieren verstehen. Im ganzen, glaube ich, reist man in den jetzt modern gewordenen Vergesellschaftungen am besten. Wer überall Freunde trifft, empfohlen ist an Geld- oder Kunstfürsten, reich ist, sich jeden Komfort verschaffen kann, der reist freilich besser allein. Denn dies Zusammengepferchtsein mit möglicherweise doch fragwürdigen Gestalten ist auch kein Ideal. Aber wenn man es auch noch so schlecht trifft, so ist es doch immer noch besser als das Verdrossensein. Nur wer ein tiefstes Kunstverständnis hat, nur der, zu dem die Steine reden und der in dieser Zwiesprache nicht gestört sein will, nur der mag allein gehen und genießen, für den Durchschnittsmenschen und Laien ist es nichts.

Kritische Jahre – Kritiker-Jahre, »Die Reisen nach Italien«

Guter Rat

Reisen ist gut, aber reisen à tout prix ohne Rücksicht auf Leib, Seele und Thermometer ist Blödsinn.

An Tochter Martha, Berlin, 13. Mai 1898

In der Sommerfrische
Erlebnisse und Erfahrungen

»Man paßt mehr zum ›Gasthof zum alten Zieten‹ in Wildberg als zum Clarendon-Hotel in London. Schmerzlich, aber wahr.«

An Sohn Theodor, 4. Mai 1894

»Die Verpflegungsfrage ist für den Kulturmenschen eigentlich das Wichtigste; die Gesundheit hängt gewiß daran und fast auch die Moral.«

An Tochter Martha, 30. September 1894

»Überhaupt deutsche Luftkurörter!«

Barfuß durch die Bode

Heute hab ich den Jugendlichen gespielt und allerdings viel Ausbeute davon gehabt. Es glückt nicht immer so. Dabei fällt mir zunächst ein, daß in einem Gespräch, das ich gestern abend führte, die Existenz meiner *Nicht*-Jugendlichkeit mir wieder stark bescheinigt wurde. Als ich zum Apotheker Framm sagte: »mein alter Papa, der erst vorigen Herbst gestorben ist…«, unterbrach er mich mit dem Ausruf: »Donnerwetter, der muß alt gewesen sein« – was ich natürlich um meines Papas und meiner selbst willen ablehnte. So was schmerzt.

Framm und ich, trotz dieses Zwischenfalls, verabredeten für heute vormittag eine große Partie. Gesagt, getan. Um 6¾ brachen wir auf, marschierten bis an den »Waldkater«, stiegen die 1000 Stufen bis zum Hexentanzplatz hinauf und nahmen oben unsren Kaffe. Der Blick von der Klippe dort oben ist allerdings großartig. Dann marschierten wir weiter, auf der Bergeshöhe hin, durch einen Laubholz-Wald, besuchten das schöne Denkmal, das dem Landforstmeister Pfeil (in Neustadt-Eberswalde; Direktor der Forstakademie) mitten im Walde errichtet worden ist, passierten den »weißen Hirsch«, wo drei Teckel mich stellten und einer mich in die Wade biß, und erreichten endlich, nach einigen kleinen Verirrungen, das vielgerühmte Treseburg. Es liegt, ähnlich wie Ilmenau, in einem Kessel; ist aber heller, sonniger und unbedeutender. Wir labten uns an Hammelbraten und Faßbier und traten unsren Rückweg durch das Bodetal an. Soweit war alles gut. Trotz aller Beschreibungen indes verfehlten wir den Steg, der über die Bode auf deren rechtes Ufer führt, und wurden endlich gewahr, daß wir uns auf einem Bergkamm-Weg befanden, der uns zur Roßtrappe geführt haben würde. Dahin wollten wir aber nicht. Ich proponierte also, am Berg-Abhang hinab, unter geschickter Benutzung der Bäume und Sträucher, bis zur Bode hinabzuklettern und dann barfuß, mit aufgekrempelten Hosen, den Fluß zu überschreiten. Framm war einverstanden. Bergab ging's; nun Stiefel aus, die Strümpfe wurden hineingestopft, und links die Stiefel, rechts den Paletot hochgehalten, unter beständigem Balancieren ging es durch. Die Sache war kritischer, als wir uns gedacht hatten; die größeren Steine mit glibbrigem Moos überzogen, die kleinen scharf und spitz, hatte man die Wahl, auszugleiten oder sich weh zu tun; natürlich wählten wir doch lieber das letztre und kamen glücklich durch; auf einem prächtigen Wiesenrasen erholten wir uns, machten uns wieder zurecht und marschierten nun auf der richtigen Seite, am Bodekessel und der Teufelsbrücke vorbei, wieder bis zu unsrem Hotel. Die ganze Partie hatte doch über 7 Stunden gedauert; 5 Stunden waren wir marschiert, zum Teil steil bergan. Ich betrachte es für meine Kräfte und für meine danach eingerichteten Prinzipien als eine glänzende Leistung.

An Frau Emilie, Thale, 22. Mai 1868

Bedrohtes Ferienidyll in Thüringen

In einer Gartenlaube, gackernde Hühner und meckernde Ziegen um mich her, schreibe ich diese Zeilen, von denen ich wünsche, daß sie Euch wohlbehalten in Franzensbad treffen mögen. Die Gattin, nebst dem ihr und mir gleichmäßig zugehörigen Anhang (so die Treue kein leerer Wahn ist), traf am Montag vormittag in Fröttstedt ein, wo ich das Glück hatte, in unmittelbarer Nähe der Hörselbrücke – an welcher Stelle sieben Wagen und eine Rudolstädter Hofdame vor kurzem ihren Tod fanden – sie heil in Empfang nehmen zu können. Bei jetzigen Bahnzuständen immerhin schon was. Im Hintergrunde ragte der Hörselberg auf, wo Frau Venus den Tannhäuser mehrere und einige Nächte lang gefangenhielt. Mit einer gewissen Wehmut durchdrang es mich, daß sich die holde Frau (ich meine Frau Venus) um meine Person weniger bemüht und mich jedenfalls früher entlassen haben würde.

> Abwärts geht es Schritt um Schritt,
> 53 gefallt mer nit.

Die Fahrt von Fröttstedt hieher in einem char à banc war sehr angenehm, und hatte ich die Genugtuung, meine Haus- und Wirtswahl belobt zu sehen, was mir um so wohler tat, als man als Ehemann auf solchen Ausgang nie mit Bestimmtheit rechnen kann. Im Gegenteil. Es wurde ein idyllisches Mahl eingenommen: Erdbeeren mit Milch, frische Eier mit beinah rötlichem Dotter, Schwarzbrot und Butter, dazu Wasser aus dem Thilo-Brunnen; die Kinder machten ihre ersten Kletterversuche, und alles schien eine Reihe glücklicher Tage zu versprechen. Aber »o Menschenherz, was ist dein Glück«, und siehe da, schon zwei Stunden später begrüßte ich die ersten Anzeichen von der Dauerlosigkeit menschlichen Hochflugs. Icarus Noel war der Sonne zu nahe gekommen, und die Wachsflügel begannen zu schmelzen. Station Halle war an meiner Penelope, die diesmal, statt treu zu warten, treu erwartet worden war, nicht spurlos vorübergegangen, und zwei um 5 Uhr früh genossene, eben heiß aus dem Ofen gekommene Semmeln begannen ihre infernale Wirkung zu üben. Die ersten verschämten Erklärungen darüber klangen noch ziemlich harmlos. »Es steht mir vor der Brust« oder »es stößt mir das Herz ab« sind Wendungen, die einen alten Seebefahrenen, der 23 Jahre lang den Ozean weiblicher Anfälle durchschifft, nicht allzusehr aus der Fassung bringen; sie stehen auf Höhe jenes unenträtselten Zustandes, wo sich bei männlichen Individuen »die Hämorrhoiden auf die Brust werfen«. Eine Abzweigung der Sommerfeldtschen Hausapotheke war mit auf die Reise genommen worden, und so suchte ich den bösen Geist durch Senfspiritus und Baldriantropfen zu bannen. Aber ich mußte bald gewahr werden, daß ich es hier nicht »mit den Kleinen von den Meinen«, sondern mit dem höllischen Meister selbst zu tun hatte, und so alle Beschwörungsformeln durchgehend, schritt ich vor bis zur Tinctura Opii crocata. »Incubus, Incubus, tritt hervor und mache den Schluß.« Diesem Zeichen unterwarf er sich endlich, aber doch nur knurrend, ein Knurren, das beiläufig drittehalb Tage anhielt und von den üblichen Erscheinungen, die sich durch Unruhe, rasches Aufstehn und pötzliches Verschwinden zu erkennen geben, bis zuletzt begleitet war. Dann wölbte Iris ihren Bogen, und der Friede war wieder da. Leider hatten sich all diese Zeit über mehrere alte Sprichwörter wieder neu bewährt, und neben dem Lager der Herrin stand das Bett der Dienerin. Pech kommt nicht allein; »it does'nt come singlehanded, it comes in battallions«. Luise humpelte, legte sich und lag vier Tage. Nachdem wir zwischen Röse, Rotlauf und Furunkel längere Zeit geschwankt und zwischen Pappelsalbe und Bohnenmehl unsre Aufmerksamkeit gewissenhaft geteilt hatten, erschien endlich ein angeschnapster Dorfbarbier, angetan mit einer Ledertasche und der ganzen Dezidiertheit seines Geschlechts. Er stellte eine Diagnose, um die ihn Bedlam und Zehlendorf hätten beneiden können, und setzte Schröpfköpfe, die ebenso verständig waren, wie das Räsonnement unverständlich gewesen war. In der Regel ist es umgekehrt. Das Blut floß, die Geschwulst fiel, und unser Barometer stieg wieder. Gestern konnte bereits die erste Brühsuppe gekocht, der erste Eierkuchen gebacken werden. Das Leben lacht seitdem wieder, und der Glaube an eine sittliche Weltordnung hat sich neu belebt. Partien werden geplant, und die Wörter Reinhardsbrunn und Friedrichsroda gehen rasch und sicher, die Namen Inselsberg, Schmalkalden und Schwarza-Tal wenigstens schüchtern über unsre Lippen. Tante Merckel ist erwartet (das Signal zu kühneren Unternehmungen), in die Tiefen Schopenhauers wird hinabgestiegen, und Wille und Vorstellung, Trieb und Intellekt sind beinahe Haushaltwörter geworden, deren sich auch die Kinder bemächtigt haben. Mete sagt nicht mehr: »Theo, du bist zu dumm«, sondern: »suche das Mißverhältnis zwischen deinem Willen und deinem Intellekt auszugleichen«.

Von der »schönen Natur« und unsrem Glücklichsein in ihr schreib ich nicht erst. Es versteht sich von selbst: »Die Welt ist herrlich überall, wo Berlin nicht hinkommt mit seinem Schwall.« Freilich ein Ausspruch, der sich kaum noch irgendwo mit voller Berechtigung machen läßt, denn – wo käme Berlin *nicht* hin?! Auch hier ist es vertreten.

An Karl und Emilie Zöllner, Kabarz bei Waltershausen (Thüringen), 14. Juli 1873

Komische Figur im thüringischen Landschaftsbild

Anstelle des herkömmlichen Blumenbouquets mögen diese Zeilen unsre verehrten Chevaliers bei ihrer Rückkehr aus dem Lande der Backpflaumen à 1 Sgr das Stück begrüßen. »Der Hauptsegen alles Reisens«, sagt Lord Byron, »besteht in gesteigerter Wertschätzung des Heimischen« – eine Wahrheit und ein Zustand, dem auch wir uns wieder zu nähern beginnen. Vier Regentage haben die Krisis beschleunigt. In Schilderung davon will ich meiner Frau, die einige Tage vor mir in Berlin eintreffen wird, nicht vorgreifen; meine Abwesenheit wird ihr erwünschte Gelegenheit geben, dem thüringischen Landschaftsbild eine komische Figur als Staffage zu geben, die ich wohl nicht näher zu bezeichnen brauche. Wenn der Ehemann nicht schlecht ist, so ist er komisch, und wenn er nicht einmal komisch ist, so ist er langweilig; bei Lichte betrachtet, ist diese Mittelstellung immer noch die günstigste.

An Karl und Emilie Zöllner, Kabarz, 14. August 1873

Venedig – zum Bewundern, aber nicht zum Wohnen

Die Tage in Venedig waren sehr schön, und es wird uns eine Sehnsucht im Herzen bleiben, sie erneuern zu können. Die Möglichkeit dazu ist, soweit die Geldfrage in Betracht kommt, gegeben. Unser ganzer 4½tägiger Aufenthalt in Venedig kostet *höchstens* 40 Tlr., wovon 20 Tlr. auf das Hotel, 10 Tlr. auf ein vorzügliches, dem Hotel attachiertes Restaurant und die letzten 10 auf Eis, Kaffe, Gondelfahrten, Trinkgelder und Bettler-Dreier kommen. Für diese ganz geringe Summe, die man in Berlin, bei Hiller, an einem einzigen kleinen Souper-Abend loswerden kann, hat man Venedig gesehn und genossen, das nun nicht länger mehr bloß als eine Insel in der Adria, sondern auch als eine Insel in dem Meer gleichgültiger, zwischen Potsdamer Bahnhof und Alsen-Brücke abgelaufener Tage schwimmt. Tatsächlich sei noch bemerkt, daß am 7. abends auch Baumeister Schwechten, mit seinem jungen Freunde Bankier Königs, in Venedig eintraf und dadurch unsren Kreis auf die Höhe von 6 Personen hob. Wir frühstückten gemeinschaftlich am Marcusplatz, fuhren zusammen nach dem Lido hinüber und trafen uns dann wieder abends beim Biere, das in Restaurant Bauer (Wiener Fabrikat) in allervorzüglichster Qualität verzapft wurde. Schwechten, als alter Italiener, hat mir allerhand Adressen und Ratschläge gegeben, und auf seine Empfehlung hin sitze ich hier jetzt in Casa Nardini, in einem großen, mit tiefen Nischen ausgestatteten, von einem mächtigen Deckenbalken durchzogenen Zimmer, das mich aufs lebhafteste an das alte Turmzimmer in Moulins erinnert, in dem ich vor 4 Jahren gefangensaß. Im übrigen ist die Situation heute angenehmer.

Nun noch ein Wort über Venedig. Es ist interessant von Schritt zu Schritt, landschaftlich zauberhaft, poetisch durch und durch, aber es repräsentiert doch nicht *die* Form der Schönheit, die ich *dauernd* vor Augen haben möchte. Dazu ist mir, rundheraus gesagt, die ganze Geschichte doch zu schmutzig. Sie bedarf des Mondlichts, bei dem man nur halb sieht, sie bedarf der Verschleierungen, um immer wieder zu entzücken; bei hellem Tageslicht genießt man den Canal grande, den Rialto und nun gar das Gewirr der Gassen und kleinen Kanäle mit *sehr* gemischten Empfindungen. Es ist eine Touristen-Stadt, eine Stadt zum Sehen, auch zum Bewundern, aber nicht zum Wohnen. Junge Künstler und Dichter werden sich über diese Äußrungen vielleicht entsetzen, aber es ist *doch* so, wie ich sage. Die ganze Welt der Erscheinungen ist nicht dazu da, um Malern und Poeten wünschenswerte und bequem liegende Stoffe zu bieten, sondern um überhaupt zu befriedigen und zu erfreun. Das Leben stellt vielfach andre Forderungen als die Kunst, und Individuen wie Staaten gehen zugrunde, die *dies* übersehn. Wem diese Wahrheit zu Fleisch und Blut geworden ist, der wird auf Venedig blicken, wie ich noch in der letzten Stunde auf ein wunderschönes Frauenzimmer blickte, die aus dem 2. Stock eines halbverfallenen Hauses träumerisch-faul mit tief und dumm schmachtendem Auge uns nachsah, als unsre Gondel an den Wasserstiegen des schmalen Kanals vorüberfuhr. Sie war so schön, wie ich selten Weiber gesehn habe, und das halbgekräuselte schwarze Haar lag wie eine Mähne um sie her, mit den Spitzen nach vornhin über die halb entblößte Brust fallend; ich werde den Anblick nie vergessen. Aber sie war ungewaschen und ungekämmt, und nach meinem Gefühl, sowenig sie persönlich innerhalb der idealen Liebe zu stehen schien, doch nur für eine solche geeignet. Ein Wesen, nur mit dem *Auge* zu genießen; mit ihr zu *leben* – ein Gedanke, nicht ausgedacht zu werden! So auch die Stadt selbst. Diese schöne, schwarzhaarige Schwester Struwwelpeters, die seifenintakt auf einen gondelbefahrenen Rinnstein niedersah, war mir wie das Bild Venezias selbst erschienen.

An Karl und Emilie Zöllner, Florenz, 10. Oktober 1874

Italienische Buchführung

Palast Lovati am Popolo-Platz ist jetzt Hotel. Die Gräber von Lepels Onkel und Wichmanns Bruder (Fourniers fanden wir) waren nicht zu entdecken. Die »italienische Buchführung«, soweit Kirchhöfe in Betracht kommen, kann sich selber begraben lassen. Keine Zahl stimmte. Grenzenlose Konfusion. Ein völliges Bummelvolk. Ich komme preußischer zurück denn je. Freiheit und weiter nichts ist etwas ziemlich Elendes. Der Mensch bedarf der Trainierung. Die Zehn Gebote waren doch nichts andres als Disziplin.

An Karl Zöllner, Neapel, 31. Oktober 1874

Leibesnöte in Sorrent

Vorgestern, nachdem wir schon vorher Pompeji besucht hatten, sind wir von einer 3tägigen Fahrt ins Land zurückgekehrt, deren Programm lautete: Capri, Sorrent, Salerno, Paestum. In Capri sah ich die Lepelsche »Witwe von Capri« *nicht*, dafür aber die Kopischsche Blaue Grotte und die Platenschen »Fischer von Capri«, wie man denn überhaupt aus Jugenderinnerungen und ganz speziell aus dem Rauschen des deutschen Dichterwaldes an dieser gesegneten Erdenstelle gar nicht herauskommt. In Sorrent erging es mir minder gut als unsrem Freunde Paul Heyse, so daß ich statt der Idyllen nur etwa Elegien hätte verfassen können. Leider keine Goetheschen, denn nichts lag mir ferner, als auf irgendeinem Nacken auch nur den fraglichsten Hexameter zu skandieren; der ganze Vesuv saß mir im Leibe, und das unheimliche Rollen und Grollen nahm kein Ende. Endlich mit Hilfe höllischer Tinkturen (Satan durch Beelzebub) aus dem Gröbsten heraus, beschloß ich, den ersten Schritt zu weitrer Rekonvaleszenz, von Bewegung in frischer Luft zu erwarten, und stieg kühnlich in den Wagen, den wir zu vier genommen hatten. Die Gesellschaft, darunter zwei Damen, ertrug mich in Geduld, denn ich saß zwischen ihnen, nicht wie die Zeder auf dem Libanon, sondern wie der Baldrian auf der Rudower Wiese. Zwölf Stunden lang hatte ich von Tinctura Valerianae gelebt. Die köstliche Fahrt tat mir wirklich wohl, und wir trafen am Abend des zweiten Tages in Salerno ein. Am Morgen des dritten nach Paestum, dessen Räubern und Schlangen wir gleichmäßig glücklich entgangen sind. Die Elloramutter als Heroine. Mit Todesangst im Herzen *doch* ausgehalten; der einzig wahre Mut. Um 9 Uhr abends waren wir, mit Hilfe der Eisenbahn, wieder in Neapel, das wir mit einer Art Heimatsgefühl begrüßten. Morgen oder übermorgen wollen wir auf den Vesuv, ich immer, links und rechts gestützt, als »sterbender Mansfeld«; dann noch wenige Tage in Neapel selbst und dann in drei großen Etappen: Florenz, Verona, München, wieder nach Haus. Alles, was auf dem Rückwege abgemacht werden sollte, ist, wie immer, aufgegeben worden. Milachen ist müde, ich bin krank; dazu ist das Geld ausgegeben, nachdem sich zu den 150 in Rom schändlich eingebüßten Francs noch ein weitrer kleiner Verlust gesellt hat: mein Portefeuille wurde mir auf dem Toledo von einem geschickten Langfinger aus der Brusttasche gezogen.

An Karl Zöllner, Neapel, 10. November 1874

Ein Aschenputtel unter den Badeplätzen

Warnemünde ist der Hafen von Rostock, zugleich sein Charlottenburg. Man erreicht es am bequemsten zu Schiff, auf einem jener vielen Wasseromnibusse, die den Verkehr zwischen Mutter- und Tochterstadt unterhalten. Einer derselben, der alte Wundervogel »Phönix«, nimmt auch uns auf seinen Rücken und trägt uns, während ein leiser Regen fällt und der Regenbogen seine Brücke baut, die Warnow hinunter.

Warnemünde, seinem Renommee nach eine Art Aschenputtel unter den Badeplätzen, ist gar so übel nicht. Was nutzt es, auf alte Schuld rekurrieren und der Zeiten gedenken zu wollen, wo es hier nichts gab wie Flundern und klamme Betten; diese Zeit ist hin, und die norddeutsche Bundesflagge weht jetzt von drei Hoteltürmen über Gerechte und Ungerechte, über Rostocker und Berliner.

Rostocker und Berliner! Das führt uns auf die Einteilung Warnemündes in Viertel oder Reihen oder Quartiere. Es gibt eine »Rostocker Reihe«, an der Warnow hin, und eine »Berliner Reihe« (die freilich zunächst noch den offiziellen Namen *Seestraße* führt), am Strande hin – zwei Stadtteile, die so verschieden voneinander sind wie ihre sommerlichen Insassen. Die Rostocker Reihe, wenn nicht gerade ein Nordost weht, liegt unterm Wind, die Warnow fließt eingedämmt daran vorüber, die Fischer spannen ihre Netze, und eine eigentümliche Bollwerksluft, in der sich, den ganzen Juli hindurch, Lindenblüte und Teer und Seetang eigentümlich mischen, zieht die Häuserfronten entlang. Wie anders die Berliner Reihe! Hier weht es beständig, das Wetter springt launenhaft um, Sommerjoppe und Winterpaletot wechseln des Tages viermal die Herrschaft, und das Meer liegt weit offen da gegen Norden. Im Rostocker Viertel alles Stille und Behagen, auch eine gewisse Enge; im Berliner Viertel eine immer frische Brise und der Blick ins Weite.

Aber wie verschieden diese zwei Stadtteile nach Lage und Bewohnern sind, so ähnlich sind sie doch in allem, was Architektur angeht. Es gibt einen Warnemünder Baustil. Er besteht darin, daß man an die Fronten der Häuser einen Glaskasten anklebt, der, unter den verschiedensten Namen auftauchend, als Balkon, Veranda, Pavillon, doch immer der alte Glaskasten bleibt, woran das Sein oder Nichtsein aller Gäste und zuletzt auch ganz Warnemündes hängt. Mit dem Glaskasten steht es und fällt es. Diese gläsernen An- und Vorbaue geben dem Ort seinen Charakter und dem Badegast sein Behagen. Sie sind wirklich ein Schatz. Ob sie nach der Seite der Kunst hin noch eine Zukunft haben, muß abgewartet werden. Man behauptet, daß der Kristallpalast der 51er Weltausstellung [in London] einen ganz neuen Baustil geboren habe; möglich, daß auch der Warnemünder Glaskasten ein erster Keim ist, aus dem ein künftiges Großes erwachsen wird.

Briefe aus Mecklenburg, Warnemünde, 1875

Wohltat des Luftwechsels

Seit heute geht es mir merklich besser; ich schiebe es, von der Wohltat des Luftwechsels abgesehn, auf die Forcetouren, die ich mache, und beinah mehr noch auf den Wetter-Umschlag. Die Siebenschläfer-Epoche ist seit gestern vorbei, wir haben Ostwind, und die Elektrizität drückt nicht mehr auf die Nerven. Der empfindliche Magenschmerz ist im Abziehn, und ich fange an mit Appetit zu essen. Auf ein paar Wochen hin wird man also wohl wieder mal ausgeflickt sein.

Zu vermelden ist nicht viel. Heute früh war ich in der Apotheke, um mir ein Pechpflaster zu bestellen; es war ein weiter Weg im Sonnenbrand, ich ging über eine halbe Stunde, wurde aber auch durch ein Apotheken-Idyll belohnt. Das Haus mit zwei Türmen liegt in einem Akazien-Park, alles kühl, schattig; in der »Offizin« selbst die höchste Sauberkeit. Ich hatte das bestimmte Gefühl, daß *Dich* dieser Anblick mit Neid erfüllt haben würde; mich selber wandelte auch so etwas an. Und doch ist es am Ende besser so, trotz alledem und alledem; ein gewisser Reichtum des Daseins, in dem man jahrzehntelang gelebt hat, kann einem nicht mehr genommen werden.

An Frau Emilie, Thale, 13. August 1877

Im Stimmbereich mecklenburgischer Badefrauen

Ich sitze hier in »schwebender Hitze«, die nicht viel besser ist als »schwebende Pein«. Es freut mich, daß Dir Warnemünde wieder so sehr gefällt; es wäre auch reizend, wenn es nicht so reizlos wäre. So z. B. die Kiefernschonung; sie wirkt wie eigens für die Kiefernraupe angelegt, und doch fehlte selbst *diese*, als ich 1870 im Schatten dieser schattenlosen Anlage spazierenging. Vielleicht ist es jetzt besser; doch sah das Ding aus, als sei es als Krüppel geboren und müsse bleiben, wie es ist. Dann ist noch die »Vogtei«. Aber der Kaffe hatte immer einen Beigeschmack, und der Ozongehalt der Luft wurde durch die Flunder siegreich niedergekämpft. Das Beste: der Schnatermann, ist mir ein süßes Geheimnis geblieben. Übrigens, meine süße Mete, vergiß beim Baden nicht, daß Du eine Erdgeborene bist und trotz unsrer Herkunft aus dem südlichen Frankreich nicht von den Lusignans stammst, aus denen die »schöne Melusine« entsproß. Wolle also nicht zu sehr »mermaid« sein, und halte Dich im Seh- und Stimmbereich mecklenburgischer Badefrauen. Vor denen erbangen selbst die Geister der Tiefe.

An Tochter Martha, Berlin, 26. Juni 1878

Dolcefarniente des Landlebens?

An gutem Willen, Dir und dem guten Theo zu schreiben – Friedel ist immer hors de concours –, fehlt es nicht, aber das Dolcefarniente des Landlebens zählt bekanntlich zu den größten Anstrengungen und konsumiert noch mehr Zeit als »Sitzungen«. Für mich ein Wort, in dem sich Komik und Schrecknis glücklich mischen. Wir erscheinen um 9 zum Frühstück, plaudern bis 10 oder 11, machen einen Gang durch den Park oder fahren in die Stadt, essen schon um 1, haspeln uns bei nachmittags eintreffendem Besuch soviel Liebenswürdigkeit wie möglich aus dem Leibe und setzen uns um 8 zum Souper, das mit seinem Plauder- oder Lese-Nachspiel bis 12 Uhr dauert. Zu lesen und schreiben auf unsrem Zimmer ist nur sehr ausnahmsweise Zeit, meist nur, wenn man sie direkt fordert. So heute, wo eigentlich ein Besuch auf dem Altertümer-Museum in Aussicht stand, um einiger unerläßlicher Briefe willen aber auf morgen verschoben wurde. Zu Tisch erwarten wir heute Klaus Groth; ich bin schon in den voraufgegangenen Tagen viel mit ihm in Berührung gekommen. Er ist ein Kapitel wie sein Landsmann Storm. Unser Aufenthalt hier geht auf die Neige; das Austitschen empfiehlt sich nie, und so mag es recht gut sein, daß die beiden neuen Stücke, die für Sonnabend in Aussicht stehn, unser hiesiges Freuden-Gastmahl coupieren. Wir werden, so nichts Neues beschlossen wird, am Sonnabend 3 Uhr in Berlin eintreffen.

An Tochter Martha, Forsteck bei Kiel, 25. September 1878

Erfahrung bei »Nervenpleiten«

Mitternacht ist zwar schon heran, aber das Glas Tee mit dem silbernen Untersatz noch nicht ausgetrunken; ich kann also noch ein bißchen mit Dir plaudern. Es hat uns alle *sehr* erfreut, so gute Nachrichten von Dir zu bekommen, und wenn mich nicht alles täuscht, so werden nun wieder gesundheitlich beßre Tage für Dich anbrechen. Solche Nervenpleite hat immer ihre Zeit, meist 7 Wochen, und wenn *die* vorüber sind, so stellt sich ein leidlicher Zustand wieder ein. Es war ein Unglück für Dich, daß Deine Nerven-Baisse mit der Schlacht- und Wurst-Hausse zusammenfiel; es gibt Zustände, wo eine einzige Schweine-Griebe den stärksten Mann umwerfen kann. Gib nur ja die Spaziergänge nicht auf: Luft und Bewegung sind die eigentlichen Geheimen Sanitäts-Räte, und an denen, die sich so nennen, ist *das* das Beste, daß sie dies mehr und mehr einzusehen beginnen.

An Tochter Martha, Berlin, 16. Januar 1881

Psychosomatisches

Ich glaube mich auf psychische Zustände und auch auf Körperzustände, die mit dem Psychischen zusammenhängen, wundervoll zu verstehn, denn ich habe sie seit über 30 Jahren an mir und Mama studiert; ich darf sagen, ich weiß in dieser Materie Bescheid, und für *mich* steht es vorläufig fest, daß Du, wenn Du Dich morgen glücklich verlobtest und übermorgen mit Mama, mir und einer schweren Reisekassette nach Italien reistest, schon in München gut, in Verona sehr gut schlafen und in Rom als eine Genesene Krokus und Anemonen pflükken und beides, unter Versicherungen überschwenglichen Glückes, in die Heimat schicken würdest. Ich weiß wohl, daß es auch Ausnahmen von dieser Regel gibt und daß manche »nur so hinschwinden«; aber zu diesen Ätherischen gehörst Du keineswegs, und vorläufig halt ich mit tiefster Überzeugung an der Ansicht fest, daß Du, wie Du da bist, ein Produkt der »Verhältnisse« bist. Mit dem Augenblicke, wo sich diese Verhältnisse bessern, werden sich auch Deine Zustände bessern, und zwar wiederum ganz nach den Verhältnissen, entweder allmählich oder auch im Nu. Mit andern Worten: mäßiges Glück, mäßige Kur, wunderbares Glück, wunderbare Kur. Dies alles soll aber nicht heißen, daß ich Deinen gegenwärtigen Elendszustand im geringsten bezweifelte, Du *bist* elend, aber trotzdem! Ich habe Deine Mama krank und unglücklich auf dem Bette liegen und durch einen Geldbrief oder einen schmeichelhaften Besuch oder ein Eis-Baiser auf der Stelle wieder zu Kräften kommen sehn. Und in dem allen war durchaus keine Komödie. Nervöse Menschen stellen alles auf den

Kopf und können sich einen verdorbenen Magen durch Hummersalat oder Aalpastete kurieren, immer vorausgesetzt, daß sie plötzlich einen Heißhunger auf das eine oder andre kriegen. Was sie vor allem brauchen, ist Sonnenschein, Liebe, Glück, aber jeden Tag anders, jeden Tag neu, und wenn sich das alles wie beim Koch oder Apotheker bestellen ließe, so wären die nervösen Leute nicht bloß die nettesten und heitersten, sondern auch die *gesundesten*.

Mit mir geht es etwas besser, aber immer noch nicht gut, was ich unter anderm auch *daran* sehe, daß ich noch immer keine Lust habe, beim Prinzen Champagner zu trinken; gäb es statt des Champagners Schwarzhof oder Brauneberger und statt der Parmesan-Stangen Kümmelbrötchen, so hätt ich mich vielleicht schon wieder gesund gemeldet.

An Tochter Martha, Berlin, 17. Februar 1882

Ausflug nach Suderode

Ich ging über Neinstedt, wo Philipp und Marie v. Nathusius begraben liegen, Marie v. Nathusius, die die Welt mit vielen frommen Erzählungen und einem einzigen Kreuzzeitungs-Redakteur beschenkt hat, an welchem letztren wieder *das* das Beste und Interessanteste ist, daß er die hübsche Erzieherin seiner Kinder aus erster Ehe geheiratet hat. Eigentlich soll sie *ihn* geheiratet haben.

»Möchtest du wohl, Angelika (natürlich), die Stelle bei Herrn v. Nathusius annehmen?«

»Wie ist er denn?«

»So und so.«

»O gewiß; den werd ich heiraten.« Und in 4 Wochen war sie mit ihm verlobt.

Hinter Neinstedt beginnt eine lange Chaussee, nebenher aber, quer durch die Felder, läuft ein reizender Weg.

»Ist diese Chaussee der Weg nach Suderode?«

»Ja. Aber Sie gehen besser hier den Feldweg.«

Ich wies auf einen hohen weißen Prellstein, auf dem in Riesenbuchstaben stand »Verbotener Weg«.

Die Frau lachte. »Ja, ja. Verbotener Weg. Aber dat is nich so schlimm. Geihn Se man.«

Immer wieder Eva. Ich ging also los, Kornfelder und Mohn zur Seite und dahinter die Vorberge des Harzes mit ihren Burgruinen. Endlich war ich heran, und Suderode lag mir terrassenförmig zur Linken, aber so, daß ich nur die Schmalseiten der Häuser sah. Drei Parallelwege liefen auf das Dorf zu, und ich fragte, welchen ich einschlagen solle? »Dat's all een. De ihrst geiht innt Unner-Dörp un de tweet in Over-Dörp, un de dritt geiht to Michaelissen. Geihn Se man to Michaelissen.« Ich wußte nicht, wer Michaelis war, aber es konnte nichts Schlimmes sein, denn der Weg, der hinführte, war der Frieden und die Unschuld selbst. Am Abhang lag der Begräbnisplatz, und daneben weidete eine Herde, viele schwarze Lämmer, aber doch nur so, daß das Gute vorwog. Durch Friedhof und Herde mußt ich mitten hindurch, was mir beides gleich willkommen war. Ich las die Inschriften der weißen Grabkreuze und gewann dabei den Eindruck, daß es in Suderode nur immer glückliche Ehen gegeben haben muß. Die Männer beklagten den Tod ihrer »einzig guten Frau« und so umgekehrt, und das alles in einem Ton, dem selbst die lapidare Kürze seinen Gehalt an Herzlichkeit nicht genommen hatte. Wie wenig paßte dazu, was 4 Stunden vorher mein Tischnachbar, ein alter General, gesagt hatte: »Wer eine zweite Frau nimmt, verdient nicht, daß ihm die erste gestorben ist.« Einer der Grabsteine lautete: »Hier ruht meine teure Frau Johanna Süßespeck, geb. Joachim.« In Berlin dreht sich die Sache um; *unsre* Joachim muß eine geborne Süßespeck gewesen sein. Hinterher fand ich denn auch »Michaelis«. Es war das erste Hotel von Suderode, sein Zentral-Hotel. Ich setzte mich in die Veranda und ließ mir *das* geben, was man sich ohne allzu große Gefahr immer geben lassen darf: eine Tasse Tee, einen Cognac und Sodawasser. Zehn Schritt von mir saß eine ramponierte Schauspielerin, die sofort den Kritiker in mir erkannte. Solche Damen sehen kolossal scharf. Suderode W. ist eine Villen-Kolonie und gruppiert sich um »Michaelis« herum; wohnt man 3 Treppen hoch, mag es ganz nett sein, unten aber ist es dumpfig, eine abwechselnd mit Stall- (höchstens) und Küchendünsten erfüllte Malaria. Dennoch soll der kleine Berliner Skrofelinski daselbst gut gedeihn. Wohl möglich. Manche Gewächse kommen in jedem Boden fort.

An Tochter Martha, Thale, 20. Juni 1882

Luft ist kein leerer Wahn

Von mir ist nichts zu melden; ich arbeite und schlucke Ozon. Ohne letztres würd es mit erstrem schlecht aussehn. Luft ist kein leerer Wahn.

An Emilie Zöllner, Norderney, 17. August 1883

Vorliebe für München

Deine Vorliebe für München teile ich ganz; es ist so frei und luftig, und man empfindet in jedem Augenblick, daß man eine gesunde Luft atmet, was man von den italienischen Städten nicht sagen kann. Und nun gar im Sommer! Reizend ist immer die Zeit der Wachparade (so ungefähr zwischen 12 und 1), wo dann meistens vor der Feldherrn-Halle musiziert wird. Man muß dann unter den Arkaden sitzen, Eis essen und zuhören.

An Tochter Martha, Berlin, 8. Juli 1884

Die Luftmedizin der Zukunft

Mama kam hier noch recht elend an, aber schon die ersten drei, vier Tage haben Wunder getan; es bleibt dabei: »Luft ist kein leerer Wahn«, und ich denke mir die Zukunft der Medizin und speziell der Hygiene so, daß die Luftarten in ihren hundert Nuancen *alles* bedeuten. Und wie die Pharmazien jetzt aus Flaschen und Büchsen bestehn, deren Inhalt unter lateinischem Namen verschrieben wird, so werden die Rezepte der Zukunft lauten: drei Wochen Lofoten, sechs Wochen Engadin, drei Monate Wüste Sahara. Auch die Malaria-Gegenden werden tageweis eingegeben werden, wie man jetzt Arsenik oder Strychnin eingibt. Die große Wirkung der Luftmedizin liegt in ihrer Perpetuierlichkeit – man kommt aus dem Heilmittel bei Tag und Nacht nicht heraus.

An Tochter Martha, Krummhübel, 18. August 1884

»Kaffepromenaden« bei 30 Grad

Wie die Zeilen meiner Frau es aussprechen, wir leben hier stille, glückliche Tage, die noch glücklicher wären, wenn sie, dann und wann wenigstens, etwas stiller wären. Der Partien- und Landschafts-Tiger ist auch *hier* vertreten, und nicht immer glückt es, ihm zu entgehn. Kaffepromenaden bei 27 bis 30° zählen zu den Alltäglichkeiten, was mich allemal in eine stille Wut versetzt. Denn hier in meinem Hause könnte ich einen besseren Kaffe unter schattigen Linden trinken. Daß die Menschen die Geschmacksrichtungen andrer so wenig respektieren. »In meinem Lande kann jeder nach seiner Façon selig werden«, aber nicht nach seiner Façon Kaffe trinken. Er muß in dem großen, heißen Staub- und Langweiligkeitsstrom mit, er mag wollen oder nicht.

An Emilie Zöllner, Krummhübel, 19. August 1884

»Überhaupt deutsche Luftkurörter!«

Schrecken der »klimatischen Kurorte«

Hoffentlich – und Ihr erster längerer Brief an Friedlaender kann in seiner guten Laune wohl als Beweis gelten – haben die 6 Ferienwochen ihre Schuldigkeit an Ihnen getan und Sie für den Winterfeldzug und, was beinah schlimmer ist, für den verbleibenden Rest dieser Sommerkampagne gefeit. Ein Berliner Sommer, trotz Hobrecht und Kanalisation, ist und bleibt etwas Schreckliches. Freilich wo wäre es im Sommer nicht schrecklich! Es könnte schön sein, wenn die Welt und besonders der Teil derselben, der auf den Namen »Bad« oder »klimatischer Kurort« getauft ist, nicht aus lauter Gesindel bestünde, das in erster Reihe dem Grundsatz huldigt: »Für den Berliner ist alles gut genug.« Mit Genugtuung habe ich die verschiedenen Schmerzensschreie gelesen, die die geschindluderte Menschheit in den Spalten der Vossin losgelassen hat. Ich würde mit einstimmen, wenn ich nicht längst resigniert wäre. Wie man Bismarck oder seiner Frau gegenüber jeden Widerstand aufgibt, weil es einem doch nichts hilft, so klage ich auch über die sogenannten Kurörter und Sommerfrischen nicht mehr, aber daß es so ist, wie es ist, ist schrecklich. Daß man im günstigsten Falle für ein mäßiges, oft aber auch für ein exorbitantes Geld schandmäßig und geradezu lebensgefährlich verpflegt wird, kann wohl als unbestrittene Tatsache gelten, jeder weiß es, jeder fügt sich darin und tröstet sich mit dem Satze, daß er nicht um Dressels oder Hillers, sondern um der »Luft« willen an seinen klimatischen Kurort gegangen ist. Nicht Bouillon, aber Ozon. Gut. Aber wo gedeiht dies Ozon? Nirgends. So sehr nirgends, daß mich seit diesem Sommer ernsthaft die Frage beschäftigt, ob nicht der Berliner Kanal an der Potsdamer Brücke (wo die Äpfel und alten Bierpfropfen auf grünschäumender Flut tanzen) einer jeden beliebigen Gebirgsdorfgasse weit vorzuziehen sei. Man kann dann doch unmittelbar in den Weihenstephan oder zu Huth gehen und rasches antiseptisches Verfahren einleiten. Aber wo bleiben diese Hilfs- und Heilmittel hier, 2000 Fuß hoch über dem Meeresspiegel? Der Prozeß der Blutdekomposition nimmt an diesem blutreinigenden Doppel-Oxygen-Ort seinen ungehinderten Fortgang. Denn man bilde sich doch nicht ein, daß der Sauerstoff, der einfache oder der doppelte, wie er in Gebirgsdörfern verzapft wird, ein Element, ein einheitlicher Stoff sei. Es läßt sich umgekehrt behaupten, daß es nichts Komplizierteres gäbe. Die Hühner sorgen dafür, daß der Hühnerstall mit seinen eigentümlichen Vorzügen einen ambulanten, namentlich der Frühstückslaube zugute kommenden Charakter annimmt, schräg neben dem Schlafstubenfenster türmen sich mehr der Agrikultur als der Ästhetik dienende Stallhaufen auf, und um das ganze Haus her zieht sich ein tiefgesättigter Styx, der aus drei benachbarten Ställen einen unter Gras und Blumen versteckten, aber desto konzentrierteren Zufluß erfährt. All das ist Übels genug, kann aber bei Wind, der alles wegfegt, oder bei herrlichem Wetter, das höher hinauf in die Berge lockt, ertragen werden. Der Schlaf, der einem 10stündigen Marsche folgt, ist unkritisch. Aber ach, dies Jahr 86, das einen durch Regen und Stichsonne konstant in die Stube bannt, dies Jahr 86 ist furchtbar, besonders an den vielen, vielen Tagen, wo statt Regen oder Sonne tiefziehende Wolken die Schreckensrolle übernehmen. Diese legen nun ihre schwere, große Hand über ein ganzes Dorf und tragen Sorge dafür, daß von all dem Kraftstoff, an dem Hühner, Schafe, Ziegen und last not least auch die Autochthonen dieser Gegenden gearbeitet haben, nicht ein einziges Gas-Atom verlorengeht. Ich glaube, daß das ganze moderne Reisewesen sehr reparaturbedürftig ist; auszuhalten ist die ganze Geschichte nur von denen, die so gesund und kreuzfidel sind, daß sie füglich auch zu Hause bleiben konnten.

An Friedrich Stephany, Krummhübel, 28. Juli 1886

Glückliche Tage in Krummhübel

Seit ich mich erholt habe, lebe ich hier wieder glückliche Tage und freue mich an allem, worauf mein Auge fällt. Ein Mütterchen, das mit dem Reisigbündel auf dem Rücken über den schmalen Steig geht, die Mädchen mit den feinen Fußknöcheln, die Himbeeren oder Besinge zum Verkaufe bringen, die Gewitter, die mit Sturm und Gekrach am Gebirge hinziehn, die nach Mehl schmeckende Wassersemmel, das zähe Rindfleisch, das das Hinschwinden seiner Zähigkeit nicht auch mit dem Hinschwinden seines Geschmackes bezahlt hat, die blinde Harfenistin, die mit einer Stimme, daraus ein Elend und eine Seele spricht, kleine Lieder auf dem Hausflur singt, die Lomnitz, die rauscht, die Heide, die blüht, der Tourist mit aufgekrempelter Hose, die Touristin mit einer aus Shawl und Plaid bestehenden Außen- oder Lang-Tournüre – alles unterhält mich, alles erfreut mich und macht es mir schwer, mich von dieser schönen Stelle zu trennen. Aber der Augenblick wird kommen, wie jeder, und unter meinen Trösten wird *der* sein, mich Ihnen präsentieren und Ihnen die Hand küssen zu dürfen.

An Emilie Zöllner, Krummhübel, 19. August 1886

Rüdersdorf statt Interlaken

Ich bedaure aufrichtig, daß es Dir wieder nicht gutgeht. Woher kommt es? Du bildest Dir immer noch ein, daß die Berliner Sommerluft geradesogut sei wie andre Luft und daß die Malariafrage für Dich gar nicht existiere. Da bist Du aber sehr im Irrtum. Könntest Du morgen nach Blasewitz reisen oder an den Staremberger See, so wärst Du in 24 Stunden gesund. Wenn man sich 11 Monate lang durchgekrebst hat und der 12. Monat ist dann ein Berliner Juli (Frau Schillers Wohnung stand zufällig auf derselben Berliner Höhe), so kriegt man eben gastrisch-nervöse Zustände. Vielleicht kommst Du die nächstnächste Woche auf drei oder fünf Tage heraus; das wird Dir Wunder tun. Es ist hier *viel* besser, als ich anfangs gedacht habe, *beide*, er und sie, sind ausgezeichnete Wirte, verbindlich, umsichtig, alles, was man genießt, appetitlich und wohlschmeckend und die Nächte weder durch Glut noch Mücken noch Schlimmeres gestört. Ich kam etwas deprimiert heraus, fand alles in einem traurigen Schmuddelzustand vor, namentlich sehr unordentlich, und sah nun die Sache trostloser an als nötig. Ich bin in diesem Augenblicke mit meinem Aufenthalte *vollkommen zufrieden* und zieh ihn Interlaken oder Ragaz oder Thale weit vor. Du verkennst ganz meinen Geschmack. Stünden mir für Juli und August alljährlich 2000 Taler zu Gebot, so ginge ich nach Scheveningen oder Isle of Wight oder Sorrent (himmlisches Tramontane, noch dazu Reimwort auf unsren Namen), und da wollt ich mit Dir und Mete ganz angenehm leben, aber aut aut; so lieb es mir ist, alle diese Finessen kennengelernt zu haben, so habe ich mich nur wohl dabei gefühlt, weil ich es als »Studie« ansah, als unerläßlich für meine Stellung und meinen Beruf, *zu Haus* war ich auf diesen Höhen des Lebens nie, weil ich arm wie eine Kirchenmaus ins Leben eingetreten bin und ebenso wieder herausgehe. Wie so vieles ist auch *das* lediglich eine Geldfrage, Bleichröder gehört nach Tréport oder Biarritz, *ich* gehöre nach Seebad Rüdersdorf. Und wenn ich es an solchem Platze nur nicht *zu* tief unter den märkisch-landesüblichen Ansprüchen finde, so bin ich zufrieden. Ich übe diese Sorte von Anspruchslosigkeit nicht aus Bescheidenheit, sondern aus künstlerischem Sinn, ganz so, wie unsre kl. Schneiderwohnung für unser Mobiliar und unsren ganzen Lebenszuschnitt das einzige Richtige ist. Die alte Erbuhr in ein Zimmer mit Stuckposaunenengeln gestellt, ist ein Unding; bei *uns* freue ich mich, wenn ich sie sehe.

An Frau Emilie, Seebad Rüdersdorf, 10. Juli 1887

Eisiger Sommer im Riesengebirge

Wir hier sitzen schon 3mal 24 Stunden fest in der Brotbaude, heizen und sprengen mit Ozogen, weil die Luft jenen bekannten Keller- und Stallcharakter hat, der nur auf freien Bergen und in klimatischen Kurörtern angetroffen wird. Ohne Boston, das seitens der Damen von 4½ an bis Schlafenszeit gespielt wird, wäre »Tante Witte« mit Familienanhang wohl schon wieder abgereist. Einziger Trost: es ist überall so und am Meer oder an Quellen, die man bibbernd 6 Uhr früh trinken muß, noch schlimmer. Wir leben hier zu 8 und üben uns in der Kunst der Umgänglichkeit, was dem einen leichter, dem andern schwerer wird. Ein Ausbund von Liebenswürdigkeit ist die »Witten« (wie Martha sie nennt), die, welche Schwächen sie sonst auch haben mag, die eine große Tugend besitzt, nicht launenhaft und vor allem nicht übelnehmisch zu sein. Ich habe hier arbeiten wollen, bin aber über ein bißchen Korrekturlesen noch nicht recht hinausgekommen. Zum Teil ist das Wetter schuld, zum Teil die Tag-Einteilung, wenn man bis 10½ Kaffe trinkt und nach einem Schinkenfrühstück um 12 sich um 1 zu Tische setzt, so hat man nicht viel Arbeitszeit. Kämen die Zeitungen früher, so hätte man gar keine (Arbeitszeit), und so wird das Pech, daß der Krummhübler Briefträger erst nach 5 Uhr abends hier oben eintrifft, zu einer Art Segen für mich.

An Karl Zöllner, Krummhübel, 3. August 1888

Bier im »Kaffegarten«

Auch ich beklage, daß Du nicht voll bei Wege bist und mehr oder weniger am Magen laborierst. Ich denke, die frische Brise von Warnemünde und Dein altes Element: das Wasser, werden die kl. Magen- und Nervenverstimmung wieder wegspülen. Mama hat schon von Cognac etc. geschrieben, sei vor allem auch viel draußen, in frischer Luft, Münster soll ja herrliche Promenaden und Kaffegärten haben, Kaffegärten, in denen man natürlich Bier trinkt. Und Bier ist ein Roborans.

An Tochter Martha, Kissingen, 24. Juli 1889

Fiasko in Bayreuth

Von Kissingen aus war ich auch auf 3 Tage in Bayreuth, um Parsifal und Tristan und Isolde zu hören. Sonnabend nachmittag kam ich an und fiel aus einem Hotel und Kaffehaus ins andre, was sehr interessant war. *So* international, daß die Promenade von Kissingen bloß wie Zoologischer Garten daneben wirkte. Sonntag Parsifal, Anfang 4 Uhr. Zwischen 3 und 4 natürlich Wolkenbruch; für zwei Mark, trotzdem ich ganz nahe wohnte, hinausgefahren. Mit aufgekrempten Hosen hinein, alles naß, klamm, kalt; Geruch von aufgehängter Wäsche. 1500 Menschen drin, jeder Platz besetzt. Mir wird so sonderbar. Alle Türen geschlossen. In diesem Augenblicke wird es stockduster, nur noch durch die Gardine fällt ein schwacher Lichtschimmer, genau wie in Macbeth, wenn König Duncan ermordet wird. Und nun geht ein Tubablasen los, als wären es die Posaunen des Letzten Gerichts. Mir wird immer sonderbarer, und als die Ouvertüre zu Ende geht, fühle ich deutlich, »noch 3 Minuten und du fällst ohnmächtig oder tot vom Sitz«. Also wieder raus. Ich war der Letzte gewesen, der sich an 40 Personen vorbei bis auf seinen Platz, natürlich an der »Strippe«, durchgedrängt hatte, und das war jetzt kaum 10 Minuten. Und nun wieder ebenso zurück. Ich war halb ohnmächtig, aber ich tat so, als ob ich's *ganz* wäre, denn die Sache genierte mich aufs äußerste. Gott sei Dank wurde mir auf mein Pochen die Tür geöffnet, und als ich draußen war, erfüllte mich Preis und Dank. Nur das Dankgefühl des Türhüters konnte mit dem meinigen vielleicht rivalisieren, denn er kriegte nun mein Billet, das er sofort für 15 Mark oder auch noch teurer (denn es wurden ganz unsinnige Preise bezahlt) an Draußenwartende verkaufen konnte. Mein Tristan-Billet schickte ich am andern Morgen zurück und vermachte den Betrag einer »frommen Stiftung«. Ich hätte diese lächerliche Großmuts- oder Anstandskomödie nicht aufgeführt, wenn ich nicht ein *drittes*, von mir bestelltes Billet gleich beim Einkauf am Tage vorher zurückgegeben hätte, worauf der Kassenbeamte sehr liebenswürdig einging. Diese Szene nun zu wiederholen war mir doch gegen die Ehre. Ich hebe dies eigens hervor, damit ich nicht alberner erscheine als nötig. Die ganze Geschichte – außerdem eine Strapaze – hatte grade 100 Mark gekostet, und doch bedaure ich nichts. Bayreuth inmitten seiner Wagner-Saison und seines Wagner-Kultus gesehn zu haben ist mir so viel wert.

An Karl Zöllner, Berlin, 19. August 1889

Nachdenkliches aus Karlsbad

Uns geht es hier »den Umständen nach« wohl; wir haben eine gute Wohnung gefunden, einen guten Eßplatz (»Östreichischer Hof«) unmittelbar neben uns und einen guten Kaffeplatz: Pupp, der, trotz des Glanzes seiner Erscheinung, keineswegs so vornehm und so teuer ist, wie man annehmen sollte. Bauern, Jüdinnen, sächsische Spießbürger sitzen in größerer Zahl um uns her als Lords, ungrische Magnaten und industrielle Millionäre aus Wolynien und der Bukowina. Das Preußische, wie immer das Preußische, verkrümelt sich völlig, und es wäre unsichtbar, wenn nicht ein paar Jüdinnen aus Berlin und Breslau für preußische Vertretung sorgten. Aber von solcher Vertretung wollen wir mit Recht nichts wissen, und was sonst noch da ist und als »echt« gelten kann, hat den grauen Aschenputtelcharakter, der ich will nicht sagen unter uns heimisch ist, aber sofort in die Erscheinung tritt, wenn wir uns unter andern Nationen bewegen. Wir sind immer die Armen oder wirken wenigstens so; zum Teil hängt es mit einer gewissen Dezenz zusammen, die das Farbenbunte mit Geflissentlichkeit vermeidet und es als zigeunerhaft oder affig ansieht.

An Emilie Zöllner, Karlsbad, 19. August 1893

Schröpfanstalten

Ich bin um 4 Uhr früh fertig mit Schlaf, weil dann ein über mir wohnender Trampler aufsteht; trotzdem ist mein Befinden leidlich; natürlich schlechter als in Berlin. »Der gepildete Mensch gehört in die Stube«, sagte der sächsische Professor, ganz gewiß gehört er auch nach Haus. Kur- und Badeplätze sind (bei allem Respekt vor dem, was Mutter Natur in ihnen leistet) doch im wesentlichen Schröpfanstalten.

An Tochter Martha, Karlsbad, 20. August 1893

Session bei Pupp

Unser Tag verläuft wie folgt: um 6½ auf, um 7½ an den Theresienbrunnen (der besser für Mama zu passen scheint als Markt- und Schloßbrunnen), von 7½ bis 9 Spaziergang bis zum »Posthof«, das Tepeltal hinauf, und auf dem Heimwege Gebäckeinkauf bei Domenico Mannl, Schweizer Bäcker, von dessen »Weltruhm« die Karlsbader mit Stolz sprechen. Und mit Recht. Was sind Storm oder Heyse neben Mannl! Der ist ein *andres* Mannl. Von 9 bis 9½ Frühstück. Dann schläft sich Mama viertelstundenweis durch den Vormittag durch, während ich Brugsch oder Pietsch oder Arne Garborgs Schilderungen aus »Kolbotten« lese. Dann Toilette, d. h. bei Mama, das alte Spitzenkleid wird angezogen, bei mir ein neuer Hemdkragen wird umgebunden. Handschuhzwang für die Männerwelt existiert nicht. Dann folgt das Diner: halbes Rebhuhn, hinterher eine Mehlspeise und ein Glas Pilsener. Von 2 bis 4 Stillsitzen in unsrer Wohnung und Erörterung der lieben alten Fragen: »wird es schwül bleiben oder wird es regnen, oder wird ein Gewitter kommen oder wird es bloß wetterleuchten?« Nach endlicher Feststellung, daß das eine so gut möglich sei wie das andre, geht es um 4 zu Pupp, um Kaffe bez. Milch oder auch bloß Gieshübler zu trinken. Die Kellnerinnen kokettieren (freilich nicht mit mir), die Oblatenmädchen, Bälge von 10 oder 12 Jahren, überbieten noch die Kellnerinnen, und von fern her, oder auch im Lokal selbst, hört man Musik. Denn ohne diese geht es hier nicht. Die Session bei Pupp dauert bis 6. Dann wieder Spaziergang bis zum »Posthof«, auf dem Heimwege Schinkeneinkauf bei »Friedel« (unsrem wünschte ich *dies* Geschäft, eine wahre Goldgrube), gegen 8 Abendbrot und um 9 in die Klappe. Bisher ging das alles ganz leidlich, aber das Vergnügen ebbt doch schon, und ich sehe den Tag sehr nahe, wo der »Posthof«, wo Mannl und wo selbst Pupp ihre Zauber verloren haben werden. »Unter Larven die einzig fühlende Brust« – selbst von diesem Minimalsatz ist hier nicht zu sprechen, denn auch diese *eine* Brust fehlt. Worin sich übrigens eine Ironie des Schicksals ausspricht, denn wenn es andrerseits etwas gibt, das hier massenhaft auftritt, so ist es Brust als solche. Schon nicht mehr schön!

An Tochter Martha, Karlsbad, 21. August 1893

Sommer-*Vergnügen* und Winterarbeit

Morgen will ich wieder nach Haus, aber ich will dies wirklich schöne Karlsbad (sein glänzender Ruf ist wohlverdient) nicht verlassen, ohne Ihnen von hier aus einen Gruß und beste Wünsche für Ihr Wohl gesandt zu haben. Wo weilen Sie? Hoffentlich an einem teuren und vornehmen Platz, denn nur an einem solchen kann man es aushalten; die Bauden und Fischerhütten sind wundervoll für Gymnasiasten, die steigen und schwimmen wollen und nur einen Nächtigungsplatz brauchen, von einem bestimmten Lebensalter an aber und wenn man so oder so einen Knax weghat, braucht man ein Bett und ein Beefsteak. Lieber 3 Wochen gut als 6 Wochen schlecht. Wasser allein tut es nicht und Luft auch nicht, sosehr ich beide liebe. Wenn ich Sie wiedersehe, hoffe ich Gutes von Ihnen zu hören und nur Gutes. Und nicht bloß gesundheitlich. Man braucht auch sein Stück Sommer-*Vergnügen* als Fundament für Gesundheit und Winterarbeit.

An Friedrich Stephany, Karlsbad, 12. September 1893

Plädoyer für Kurzurlaub

Sie wollen Ihren Urlaub fortan in 2 Hälften nehmen – ein Entschluß, zu dem ich, nach an mir selbst gemachten Erfahrungen, nur gratulieren kann. Meine schönsten Urlaubszeiten habe ich bei der Kreuzzeitung gehabt, wo ich ihn wochenweise nahm. Der gute lederne Beutner mit seinen Plieraugen und seinem verkaterten und verluckenwaldeten (er war Bürgermeisterssohn aus Luckenwalde) Ecce-homo-Gesicht rechnete mir diese Bescheidenheit hoch an, es war aber gar keine Bescheidenheit, ich machte ein brillantes Geschäft dabei und erholte mich 4mal im Lauf eines Sommers, nicht von der Arbeit, aber doch von der Langenweile des Dienstes. Denn eigentlich tat ich nichts, ich saß nur meine Zeit ab und war bei den regelmäßigen Festlichkeiten immer der am wenigsten Befisselte. In jenen freien Wochen aber bereiste ich die Mark, und meine »Wanderungen« sind in jener Zeit entstanden. Man erholt sich auch in 8 Tagen ebensogut als in 4 Wochen oder gar in 6. Sechs Wochen an einer Stelle sind meist langweilig.

An Friedrich Stephany, Berlin, 30. Mai 1894

»Überhaupt deutsche Luftkurörter!«

Lob für Norderney

Es ist hohe Zeit, daß ich mal wieder von mir hören lasse; 7.4.95 steht an der Spitze Deines letzten Briefes, und noch immer habe ich Dir nicht dafür gedankt, d. h. für den Brief, nicht für 7.4.95. Mit Eurer Gesundheit geht es hoffentlich wieder besser; Husten ist eine Qual, für den, der ihn hat, und für den, der ihn mit anhören muß, aber man kommt drüber hin. Ich war, als ich so alt war wie Otto, auch ein ewiger Beller und bin nun doch bis auf 75 gekommen – freilich mit Hilfe des so viel verspotteten Cachenez, ohne das ich es nicht zu so hohen Jahren gebracht hätte. Dir wird das Reiten guttun und Langeoog noch mehr und das »Kriegstheater im Harz« (freilich noch lange hin) am meisten. Um dies Kriegstheater könnte ich Dich beneiden, einmal – weil ich den Harz sehr liebe – der Szenerie halber, dann, weil höhere militärische Gesellschaft so ziemlich das Beste bedeutet, was man von Gesellschaft haben kann. Was den voraufgehenden Sommeraufenthalt auf einer der friesischen Inseln anbetrifft, so schließe ich mich denen an, die Dir zu Norderney raten. Es ist doch unterhaltlicher als Langeoog, und das spielt bei mehrwöchentlichem Aufenthalt eine große Rolle. Das mit den »größren Kosten« ist meistens Unsinn; man muß mitunter an den primitivsten Stellen am meisten bluten und kann an Weltplätzen billig leben. Es hängt alles von Glück und unberechenbaren Umständen ab. Als ich das erste Mal in Norderney war, wurde, 6 Stunden nach meiner Ankunft, ein großer Dampfer mit 500 Gästen abgewiesen, weil auf der ganzen Insel kein einziges freies Bett mehr sei. Ja, da war in den fashionablen Straßen alles sehr teuer, und doch habe ich an der Wattseite der Insel nicht bloß angenehm, sondern auch ziemlich billig gelebt. Borkum ist judenfrei, das soll aber auch der einzige Vorzug sein; Max Nordau wurde vor 2 Jahren erst von der Table d'hôte und dann von der Insel weggegrault. [...]

Mete erwarten wir morgen zurück; sie hat sich am 4. früh von Tante Witte getrennt, um noch drei Tage bei ihrer Freundin Mathilde Runde, jetzt Frau Dr. Becker in Friedeberg, zubringen zu können. Vom Laibacher Erdbeben hat sie die letzte Welle mit verspürt, um uns vermelden zu können: »Wir sind stolz, ein Erdbeben erlebt zu haben.« Am meisten Freude hat sie von einer 2tägigen Wagenfahrt durch Tirol und Vorarlberg gehabt, womit ihr Meraner Aufenthalt abschloß. Ganz mein Geschmack; nur nicht Eisenbahn. Ein mäßiges Kotelett unter einem blühenden Kirschbaum ist mir lieber als ein Diner in einem Harmonikazug.

An Sohn Theodor, Berlin, 6. Mai 1895

»Natur als solche« ist unbrauchbar

Nun hat ein L. jun. den Typhus in Zansebur. Oh, diese Landaufenthalte, diese Teiche mit Entengrütze, an denen die Entengrütze schließlich immer noch das Beste ist! Immer Typhus und Diphtherie. Mir kann die ganze Geschichte gestohlen werden. Gesund sind nur die Gegenden, die sich der Mensch zurechtgemacht hat, der Sumpf muß ausgetrocknet, der Sand muß bewässert, die trockne scharfe Höhenluft muß durch Seen und Wasserfälle, durch Waldschirme gesänftigt werden und mehr Corpus kriegen. Die Natur als solche kann man nicht brauchen; Wüste, Eis, Gletscher, Stein, Moor – was soll man damit. Es ist alles einseitig, unfertig, unerzogen. »Der gepildete Mensch gehört in die Stube« (aber ohne Schwamm).

An Tochter Martha, Karlsbad, 22. August 1895

Die Menschheit fängt nicht beim Baron an

Der Aufenthalt hier ist wieder sehr nett und eine Auffrischung in meinem Leben, das doch *zu* sehr aus Feder und Tinte und – Vossischer Zeitung besteht. Gegen F[riedlaender] ist viel zu sagen, und Mama, die Deine Ausstellungen mit ungeschwächten Kräften fortsetzt, bemängelt eigentlich alles, demunerachtet muß ich froh sein, überhaupt einen Gesellschafter zu haben und schließlich, trotz alledem und alledem, auch einen so guten. Denn wenn ich meine Berliner Garde Revue passieren lasse, was habe ich denn da Besseres. Neben meinem Berliner Umgangsmaterial ist, auf Unterhaltlichkeit, Esprit und gute Einfälle angesehn, Friedlaender immer noch ein Gott. Wäre er nicht so kolossal kleinstietzig, könnte er über seine Nasenspitze wegsehn und irgendeine große Frage losgelöst vom eignen kleinen Ich betrachten, so wäre er ausgezeichnet. Er ist aber ganz Jude. Freilich mir dadurch auch wieder *sehr* interessant, weil ich das Jüdische an ihm und auch an seiner Tochter so wundervoll studieren kann. Preußentum, Berlinertum, Assessortum, Geheimratsgöre, Bildungsallüren – alles geht unter im Juden oder erhält durch ihn eine bestimmte Färbung.

Im Theater waren wir noch nicht; es wird immer der »Zigeunerbaron« gegeben, und das ist mir doch zu wenig. Auch »Mikado« kann nicht retten. Das weibliche Geschlecht wird einem hier verleidet. Nur Karikaturen. Der Mensch, der so viel sein kann, ist in der Gesellschafts- und Geldsphäre doch recht wenig. Die Menschheit fängt nicht beim Baron an, sondern, nach unten zu, beim 4. Stand; die 3 andern können sich begraben lassen. Solange man die Dinge um einen her wie selbstverständlich ansieht, geht es, aber bei Beginn der Kritik bricht alles zusammen. Die »Gesellschaft« ist ein Scheusal.

An Tochter Martha, Karlsbad, 22. August 1895

Kegelpartie statt Kur in der Schweiz

Und nun Dein Zustand, der uns Sorge macht. Ich bilde mir ein, in solchen Stücken auch ein Stück Doktor zu sein. Der alte Witz, daß man sich bei derartigen Leiden selber in die Kur zu nehmen habe, ist durchaus richtig. Ich finde es grausam, von einem Kranken Kraft- und Überwindungsleistungen zu fordern, deren vielleicht selbst der Gesundeste nicht fähig ist; der Kranke soll nach dem Maße seiner geschwächten Kraft gemessen werden; aber das hebt den Satz nicht auf, daß der Kranke, weit über alle öde Doktorei hinaus, bemüht sein muß, sich seelisch richtig zu stellen. Er muß die Fähigkeit haben, den gesunden Menschen in sich auszuscheiden und diesen gesunden Menschen neben seinem kranken beständig hermarschieren zu lassen, immer zuredend, beschwichtigend, bekämpfend. Im ganzen genommen waren die Leute, bis auf Kant und Hegel, unsrem jetzigen Geschlechte in diesem Punkte weit voraus; sie hatten bestimmte Sätze, mit deren Hilfe sie sich zurechtrückten und allem Unglück, aller Kränkung und aller Krankheit gegenüber eine gute Defensive gewannen. Glückt es Dir, unter möglichster Bekämpfung oder Leichtnehmung des Ich, mit freien, aus einem richtigen Leben abstrahierten Vorstellungen an Dein Spezialleiden heranzutreten, so hast Du schon ¾ gewonnen. Mit Pillen und Mixturen ist gar nichts zu machen und mit dem Genfer See womöglich noch weniger. Alle diese Aufenthalte (deshalb ging ich zuletzt in kleine ärmliche Bauden im schlesischen Gebirge) sind tödlich langweilig und steigern mit ihrem unvermeidlichen Ärger nur das Unbehagen. Könntest Du Dienstag und Freitag eine Kegelpartie mit drei sehr klugen, sehr witzigen und sehr liebenswürdigen Menschen haben, so wärst Du in drei Monaten so gesund wie der Fisch im Wasser. Das Wichtigste für den Menschen ist der Mensch, da liegt nicht bloß sein Glück, da liegt auch seine Gesundheit. Ich theoretisiere hier nicht, ich bin Praktiker.

An Sohn Theodor, Berlin, 25. Dezember 1895

Überhaupt deutsche Luftkurörter!

Das klingt ja alles sehr traurig, und Du und Lise und alle tuen mir herzlich leid. Schon wenn ich von Scharlach höre, wird mir schlecht und bei Diphtherie nun schon ganz gewiß. Wie kann man an einem Ort und in einem Kasten wohnen, wo unausgesetzt dergleichen los ist! Überhaupt deutsche Luftkurörter! Wie Kanonenluken in die Welt hineinstarrende Klosett-Rachen (Wernigerode), Dünensand, der bibbert und Wellen wirft von den verscharrten Fleischabfällen (Norderney), Gänsedreck-Ozean und zum Färben aufgetürmte alte Judenhosen (Krummhübel) – das heißt Sommerfrische, Luftbad. Da ist mir eine Bank mit Spreewaldsammen doch noch lieber, selbst wenn der kleine Bocher in einem fort abgehalten werden muß.

Leider kann ich von hier aus auch kein Spürchen von Trost spenden; – Schicksal, nimm deinen Lauf. Ihr müßt beide alles über Euch ergehen lassen, wie auch die Würfel fallen; gurgelt nur, was das Zeug halten will, und nehmt alle paar Stunden von 11 oder 12 Uhr an einen tüchtigen Schluck Rotwein. Und ein Glas guten Tee, aber selfmade und ohne Milch, nur mit etwas Cognac. Und nur essen, worauf Ihr lebhaftesten Appetit habt, sonst lieber gar nichts.

An Tochter Martha, Karlsbad, 13. Juni 1896

»Sommerfrischen«?

Sie fingen en famille mit dem Jahr 70 an und haben sich durch zwanzig Jahre fortgesetzt. Ich blieb immer in Norddeutschland: Mecklenburg, Norderney, Harz, Thüringen, Schlesien. In Schlesien war ich mit besonderer Vorliebe. Überall herum im Hirschberger und Schmiedeberger Tal: Hermsdorf, Schreiberhau, Krummhübel, Erdmannsdorf, Buchwald, am häufigsten in Krummhübel. In diesen Sommerfrischen habe ich viele meiner Romane geschrieben und überhaupt sehr glückliche

Tage gelebt. Aber zuletzt ging es nicht mehr. Diese ländlichen Gebirgsaufenthalte, gleichviel wo, sind entzückend, solange man jung ist oder sich jung fühlt, was dasselbe bedeutet. Aber es ist vorbei damit, sowie die Kräfte nicht mehr ausreichen, in die Berge zu steigen und sich an dem Ozon der Berge für all das schadlos zu halten, was die Aufenthalte als solche an einem verbrechen. Diese Verbrechen sind groß: die Verpflegung ist miserabel, der Komfort null, die Wohnung noch miserabler. Entweder man wohnt in einer Laterne, darin man sich vor Morgen- und Mittagssonne nicht lassen kann, oder man wohnt sonnenlos, so wachsen die Pilze aus der Erde, und alles riecht nach Multer und Schimmel. Die Mäuse laufen einem über das Bett; wenn man einschlafen will, blaffen die Hunde, worauf die der Nachbardörfer antworten, und wenn man endlich eingeschlafen ist, krähen die Hähne, und die pralle Morgensonne fällt einem aufs Bett. Daß man trotzdem in leidlicher Verfassung bleibt, ist eine Frage der Luft, die die Nerven überanspannt und es zuwege bringt, daß man sich eines hohen Gesundheitsgefühls rühmt, das aber eigentlich nur eine Nervenüberreizung ist. Von dem Augenblick an, wo einem dies klar wird, ist dieser ganze Himmel entgöttert, und man macht, daß man ihn verläßt, mit dem festen Entschluß, ihn nicht wieder aufzusuchen. Sommerfrischen für den, der jung ist oder es sein will. Aber erhebt man diesen Anspruch nicht mehr und sehnt man sich nicht nur nach Luftfrische, sondern auch nach Behagen, so findet man diese Vereinigung von Luft und Licht und Frische und von Komfort und Behagen nur in den großen Bädern, deren Deutschland, Gott sei Dank, so viele hat: Interlaken, Ragaz, Baden-Baden, Wiesbaden, Kissingen, Karlsbad, die man aufsuchen kann, auch ohne Kurgast zu sein. Ich habe mich schließlich ganz zu diesen bekehrt.

Kritische Jahre – Kritiker-Jahre; »Die Sommerfrischen«

Hotels und Pensionen, Wirte und Kellner

Frühstück bei Johnston in Edinburg

»Waterloo-Place, any hotel you like«, Waterloo-Platz, ins erste beste Hotel! Mit diesem Zuruf vertrauten wir uns der Führung unsres Cabkutschers an und harrten der Dinge, die da kommen würden. Ich lieb es bei solchen und ähnlichen Gelegenheiten, mich dem blinden Zufall zu überlassen, und habe die Erfahrung für mich, daß man mindestens nicht schlechter dabei fährt, als wenn man unschlüssig hin und her schwankt und hinterher den Ärger hat, doch nicht das Rechte getroffen zu haben. Wer die Wahl hat, hat die Qual.

Unser Cab hielt nach fünf Minuten schon vor Johnstons Hotel, Waterloo-Place, und es wäre unbillig, dem Kutscher nachzureden, daß er seine diskretionäre Gewalt absonderlich mißbraucht hätte. Johnstons Hotel gehört zu jener Klasse von Gasthäusern, die unter dem Namen der »Commercial and Temperance Hotels« in allen Ländern, wo das angelsächsische Element herrscht, eine Art von Notorität erlangt haben. Der *Temperanz*seite dieser Etablissements leg ich herzlich wenig Gewicht bei; es ist diese zur Schau gestellte Mäßigkeit derselben halb Lüge, halb Karikatur und in bestem Falle Lockung und Aushängeschild; was aber diesen Gasthäusern in dem kostspieligen, aufgesteiften, selbstquälerischen England eine Bedeutung gibt, das ist der Umstand, daß sie in ihrer ausgesprochenen Einfachheit die Kehrseite jenes modernen Prachtbaus sein wollen, der unter dem Namen »Hotel« so viele erträumte Reize und so viele prosaische Wirklichkeiten umschließt. Es ist Affektation oder Selbsttäuschung, wenn wir auf Reisen plötzlich glauben, ohne Eleganz, ohne zehn Gänge und ohne gräfliche

Nachbarschaft nicht leben zu können; was uns aber wirklich not tut, das ist ein unprätentiöses, freundliches Entgegenkommen und eine angemessene Bewirtung um unseres Geldes, nicht aber bloß – um Gottes willen. Der alte Satz mag fortbestehen, daß die großen Hotels die besten sind. Aber ein anderer Satz stellt sich ihm gleichberechtigt an die Seite, und zwar der, daß die vornehmen Gasthäuser nicht die angenehmsten sind.

In Johnstons Hotel hatten wir vollkommen das süße Gefühl der Hingehörigkeit statt des bloßen Geduldetseins; sonst fehlte freilich manches. – Die beblümten Teppiche auf Flur und Treppen hatten längst ihren Blumenfrühling hinter sich, und die altmodischen Bettstände mit ihren verschossenen Quasten und Damastgardinen standen unheimlich da wie in alten Schlössern aufgekaufte Paradebetten, in denen Lords und Häuptlinge von Geschlecht zu Geschlecht das Zeitliche gesegnet hatten. Das sind nicht Bilder, die den Schlaf leicht und die Träume heiter machen, wenn wir sie auch im Einklang finden mit all den Lieblingsvorstellungen, die wir von Jugend auf an den Namen Schottland geknüpft haben. Aber jedenfalls rechten wir nicht darüber und erinnern uns gern der Wahrheit, daß man überall schläft, wenn man nur müde ist. Weniger freilich als der leise Schauer, der uns angesichts dieser blutroten Bettvorhänge überläuft, will uns der Fettbrodem gefallen, der, aus der Küche aufsteigend, alle Etagen des Hauses durchdringt, und nur widerwillig erinnern wir uns des korrespondierenden Satzes: man ißt überall, wenn man nur hungrig ist.

Aber wir sind wirklich hungrig, und nachdem wir die Übernächtigkeit aus den Augen gewaschen und in Eil unsre Toilette gemacht haben, suchen wir das Frühstückszimmer auf, das sich hoch und breit und behaglich durch die halbe erste Etage zieht. Hier weht ein andrer Geist, die Ventilation ist trefflich, und kein gelegentlicher Zugwind plaudert vorschnell die Geheimnisse der Küche aus. Das schöne schottische Weizenbrot lacht uns an, und bald sitzen wir vor einer wohlbesetzten Tafel, auf der uns, neben den üblichen Erfordernissen eines englischen Frühstücks, Haferbrötchen und Dundee-Marmelade daran mahnen, daß wir auf schottischem Grund und Boden sind. Ein alter Kellner von viel über sechzig trippelt freundlich und geschäftig um uns herum, befriedigt seine Neugier durch Vorlegung eines Fremdenbuches und erzählt uns plauderhaft von den Geschicken seines Lebens.

»Jenseit des Tweed. Bilder und Briefe aus Schottland«; »Johnstons Hotel«

Fester Schlaf überm Pferdestall

Das Caledonian Hotel [in Oban] war besetzt bis unters Dach. Da standen wir mit unsern Reisesäcken ziemlich ratlos und wischten uns den Schweiß von der Stirn. Andern, die nach uns kamen, ging es nicht besser; endlich rief eine heisere Stimme: »Let us try it at Mrs. Mackay's, some yards farther down; I know her well, kind people.« Einige schüttelten den Kopf, wir aber, die wir nicht in der Lage waren, zwischen den Tugenden und Untugenden Mistreß Mackays abwägen zu können, folgten der Aufforderung des Heiseren und standen nach zwei Minuten vor der Haustür besagter Dame. Über dem Eingang hing ein Hochländer als Wirtshausschild, alle Fenster waren offen, und aus der halb offenen Küchentür kam uns der Fettbrodem einladend, aber etwas zudringlich entgegen. Dem Brodem folgte endlich Mrs. Mackay selber, eine Frau von Fünfzig, halb Brunhild, halb Marketenderin. Groß, breit und stark stand sie vor uns, mit allen Abzeichen des Herdes, von dem sie kam; ihr einziger Schmuck ein Schnurrbart, an dem kleine Schweißtröpfchen hingen. Wir fragten nach einem Zimmer, erhielten eine halb bejahende Antwort und wurden endlich, nachdem wir verschiedene Höfe passiert hatten, in einem Hinterhause bei einer zimmervermietenden alten Waschfrau untergebracht. Unter uns war ein Pferdestall, der sich bald unangenehm bemerklich machte, während die Aussicht, das Panorama, auf das wir gerechnet hatten, sich auf die Brandmauer eines Nachbarhauses beschränkte. Das ist nun einmal so Herkommen in überfüllten Badeörtern, und wir waren nicht Neulinge genug, uns das Alltägliche verdrießen zu lassen. Hatten wir doch auch den »Salon« der Mrs. Mackay zu unserer Verfügung, wo wir bereits zum Tee und Abendimbiß erwartet wurden. Wir machten also unsern Weg zurück, drangen von hinten her ins Haus ein, belauschten wider Willen die Küchengeheimnisse (ein anderer Durchgang war nicht zu finden) und nahmen oben im Gastzimmer Platz, wo bereits das Tischtuch ausgebreitet lag, ein Tischtuch ganz wie Mrs. Mackay selber, groß, breit und dauerhaft und mit schwarzen Schnurrbärten an jedem Zipfel. Wir nahmen keinen Anstoß daran, auch an manchem andern nicht, das über den Tabagiecharakter unseres Hotels keinen weiteren Zweifel ließ; hatten wir doch das offene Fenster und vor dem Fenster die schöne Meeresbucht, die jetzt im vollen Glanze des Mondes uns wie zu Füßen lag. [...]

Es war spät, als wir bei der mangelhaften Beleuchtung, die der untergehende Mond gab, vorsichtig über den Hof hintappten und im Putzzimmer der Waschfrau unsere Betten hergerichtet fanden. An den Wänden hingen zwei eingerahmte Bilder (»Bombardement von Sebastopol« und »Schiffbruch«), die an bekannter Stelle die Worte zeigten: »Verlag von Zawitz, Druck von Hesse in Berlin.« Aber weder Sebastopol noch Zawitz noch Hesse hielten uns länger wach, selbst das Gestampfe und Gepruste der Pferde unter uns verhallte bald ungehört, und ein fester Reiseschlaf, ohne Traum und Sorge, kam über uns.

»Jenseit des Tweed. Bilder und Briefe aus Schottland«; »Oban«

Gewitter und Wanzen in Mittenwalde

Ich reiste um 6 (Sonnabend) nach Königs Wusterhausen, wo ich's sehr reizend fand, besonders am Abend (Pfingstheiligabend). Die Einfahrt war entzückend und höchst poetisch. Am andren Morgen, wo die Sonne an die Stelle unsichrer Mondbeleuchtung trat, erwies sich vieles als kümmerlich, aber es war doch intressant. Von da nach *Mittenwalde*, wo Paul Gerhardt 4 Jahre Prediger war und »Befiehl du deine Wege« dichtete. Yorck stand als Oberst 7 Jahre lang dort in Garnison; ich logierte im »Hotel Yorck«. Nach Teupitz kam ich nicht. In der Nacht Gewitter und Wanzen. Um 2 zu Bett, um 4 wieder auf; um 10 Uhr vormittags (2ter Feiertag) wieder in Berlin, wo ich erst wieder was Ordentliches zu essen und zu trinken kriegte.

An Frau Emilie, Berlin, 10. Juni 1862

Rachebefriedigt eingeschlafen

Gestern um 12 in Freienwalde. Sechs Stunden lang geklettert. Von 6–8 reizende Fahrt nach dem Schloßberg; von 8–11 mit dem Dichter und Drechslermeister Weise beim Biere geplaudert. Um 1½ nach Wriezen, um 1 im Goldnen Löwen zu Bett, um 2 eine Wanze gefangen und langsam gebraten, dann rachebefriedigt eingeschlafen. Heut früh hab ich Briefe geschrieben, an Mama (einen Brief, den ich schon in Falkenberg begann), an Frau Steinlein und diesen hier an die mir Angetraute zu Tisch und Bett.

Nun werd ich einen Wagen nehmen und nach Kunersdorf fahren.

An Frau Emilie, Wriezen, 16. September 1862

Nostalgisches in Swinemünde

An der Stelle, wo ich (es war ein wackliges altes Fachwerkhaus, drin die Ressource war) als 14jähriger Junge, angetan mit einem blauen Bastard von Frack und Jacke, getanzt und bei »Pfänderspiel« und »Wohnungsvermieten« zuerst die Unbefriedigtheit des jungen Poetenherzens empfunden hatte, erhebt sich jetzt ein großes Hotel mit vielen Balkonen und einem Eckturm, ein Gasthaus, das in Erscheinung und Größe keinem Berliner etwas nachgibt. Auch das Geschlecht der Kellner schien aus Berlin zu sein, womit ihr Urteil gesprochen ist.

An Frau Emilie, Heringsdorf, 24. August 1863

Der »Phönix« in Aalborg

Das Hotel, in dem ich wohne, heißt der »Phönix«. Wann dieser alte Wundervogel zum letzten Male aus seiner Asche erstanden ist, kann ich nicht sagen; nur das steht fest, daß er dieses feurigen Reinigungsprozesses, oder irgendeines andern, wieder dringend bedürftig ist. Er teilt aber darin nur das Schicksal der ganzen Stadt.

Es ist ein eigen Ding mit diesen Städten an den Grenzen aller Kultur. Man rechnet es ihnen als ein besonderes Verdienst an, daß sie da sind, und an Hammerfest oder Reykjavik knüpft sich mehr Interesse und mehr Poesie als an Stockport oder Bradford, wo 100 000 Menschen leben und 10 Millionen Ellen Shirting alljährlich produziert werden. So ist auch Aalborg zu einem gewissen Ruhmes-Ansehn gelangt, das aber freilich in demselben Augenblick verschwindet, wo man sich vorzuhalten vergißt: »An der Grenze der Kultur«. Je nachdem man dies gegenwärtig hat oder nicht, stellt sich das Urteil.

»Reisebriefe aus Jütland«, 16. September 1864

Gast und Gastlichkeit in Jütland

Nyköbing hat zweitausend Einwohner und einen Gasthof »Trapps Hotel«. Dieser ist besser als »Phönix« und »Limfjord« (in Aalborg) zusammengenommen. Überhaupt zeichnen sich diese kleinen Städte des Westens durch gute Bewirtung aus. Die Wirte sind freundlich, fern von aller Prellerei, und während man doch verloren wäre, wenn sie *nicht* Barmherzigkeit üben wollten, zeigen sie nichts davon, daß man in ihrer Hand ist, verraten vielmehr durch ihre ganze Haltung, daß sie der *Gäste* wegen da sind, während man bekanntlich in unseren großen Städten beständig das Gefühl hat, nur der *Wirte* wegen dazusein. So die Residenzen. In unseren kleinen Städten aber herrscht ein anderer Übelstand – die leidige *Konkurrenz*. An einem Örtchen, das höchstens *einen* Wirt ernähren kann, tun sich *drei* Gasthöfe auf, und die Folge ist, daß alles viel schlechter geboten wird, als es sein sollte. Jeder einzelne eingefangene Reisende soll womöglich die Rettung bringen, und für die ergiebigsten Preise wird ihm das Unergiebigste geboten. Wer hätte nicht solche »fünf Gänge« in kleinen Städten durchgemacht; wahre Unglücksgänge. Hier im Westen Jütlands haben die kleinen Städte *einen* Gasthof; dieser eine hat sein Brot, der Wirt fühlt sich wohl und seine Gäste auch. Dazu sind es meist stattliche Höfe (Gaarde, das englische »Yard«) mit großen Sälen und langen Zimmerreihen; denn dieser eine Gasthof ist natürlich auch Konzert- und Theater-Lokal, Klubhaus, Kasino und Ressource, alles in einer Person. Die Nyköbinger haben eine »Concordia«.

»Reisebriefe aus Jütland«, 20. September 1864

Quartier-Abenteuer in Prag

Den langen, halb erleuchteten Perron entlang, durch hohe gewölbte Säle und Korridore hindurch schleppten wir uns und unser Gepäck bis an den Ausgang. Keine dienstbereiten Hände hatten sich uns zur Verfügung gestellt. »Droschke!« riefen jetzt ein halbes Dutzend Stimmen in die Nacht hinein, aber nur das Echo kam zurück. Wir glaubten nunmehr uns korrigieren zu müssen und schickten ein dringlich betontes »Fiacre« unserem ersten Notschrei nach. Aber mit demselben Erfolg. Endlich erschien, von jenseit der Straße her, ein radebrechender Czeche, der eine Mittelstellung zwischen Dienstmann und Gepäckträger einnehmen mochte, und bot seine Dienste an. Die Situation war derart, daß an Ablehnung gar nicht zu denken war. Er wurde mit einer nicht unbeträchtlichen Anzahl von Reisetaschen, Plaids und Gummi-Mänteln bepackt, an die Tête gestellt und nunmehr mit Führung des ihm willig folgenden Zuges betraut. Wir ahnten wenig davon, welchen neuen Enttäuschungen wir entgegengingen. Es genüge hier die kurze Andeutung, daß etwa sechs Stunden vor uns, zu der ohnehin sechstausend Mann starken Garnison, noch vierzehntausend Mann Garden in Prag eingerückt und bei ihrer Einquartierung den besten Hotels der Stadt mindestens nicht aus dem Wege gegangen waren.

Wir läuteten beim »Schwarzen Roß«. Besetzt! Beim »Blauen Stern«. Besetzt! Beim »Goldenen Engel«. Besetzt! Nun riß uns die Geduld. Wir erwählten einen der Unsern, einen märkischen Gutsbesitzer, der über die bekannte glückliche Mischung von Humor und Grobheit eine ungemessene Verfügung besaß, zu unserem Sprecher, und der Erfolg rechtfertigte unsere Wahl. Unser Delegierter nahm den Oberkellner beiseite, appellierte an sein böhmisches Herz und stellte ihm vor, daß er mit Kaiserlich österreichischen Freunden machen könne, was er wolle, daß es aber niedrig und verwerflich sei, seine Feinde elend umkommen zu lassen. Der Angeredete lächelte gutmütig, versicherte auf Ehre und Gewissen, daß keine Dachkammer leer sei, fügte aber hinzu, daß im »alten Ungeld« (wie er eben erfahren habe) noch einige Zimmer frei seien.

Also nach dem »alten Ungeld«. Unser Zug setzte sich zum vierten Male in Bewegung, einzelne unter uns nicht ohne trübe Vorahnungen. Zum »alten Ungeld«! Es klang ebenso rätselvoll wie dumpf und kerkerhaft. Ein halbes Dutzend Wörter mit »Un« gingen uns durch den Kopf: Unheil, Unglück, Unhold, Ungetüm und zuletzt immer wieder Ungeld. Und noch dazu *altes* Ungeld. »Alt« erschien uns in diesem Augenblick nichts weniger als ein Epitheton ornans, oder doch höchstens im Sinne einer Schauer-Ballade. Balladenhafte Lokalitäten sind aber selten gute Gasthöfe.

Wir wanden uns durch ein Gewirr dunkler Straßen und Gassen, traten auf kurze Strecke unter die Arkaden eines Marktplatzes, hatten zur Linken (mitten auf dem Platz) eine Mariensäule, deren Muttergottesbild, mit dem Sternenkranz um die Stirn, eben jetzt im Mondschimmer leuchtete, und traten dann, nach rechts hin, aus den Arkaden hinaus wieder in dunkle, schmutzige Gassen ein, die uns zuletzt in einen Hof oder eine Sackgasse führten. Wunderliche alte Häuser standen umher; vor dem ältesten und größten hielt jetzt unser Führer und zog an der Glocke. Man hörte, wie aus weiter Ferne, das Läuten.

Wir Draußenstehenden hörten es, aber nicht die drinnen, die es hören sollten. Wir hatten inzwischen vollauf Zeit, uns mit der Außenseite des »alten Ungeld« bekannt zu machen. Torweg und Erdgeschoß schienen mittelalterlich gewölbt, die vergitterten Kellerfenster deuteten noch weiter zurück, während die oberen Stockwerke allerhand moderne Fensterverkleidungen zeigten; es war, als hätten alle Jahrhunderte seit König Georg Podiebrad hier im »alten Ungeld« ihre Karte abgegeben.

Wir läuteten noch immer. Niemand kam, wenigstens nicht von innen her, während draußen unsere Gruppe einen beständigen Zuwachs erfuhr. Es war ersichtlich, daß das »alte Ungeld« den Charakter eines Nothafens, einer letzten Retirade hatte, wohin, nach einem stillen Abkommen zwischen den besseren Gasthofsbesitzern Prags, alles das dirigiert wurde, was in den eigentlichen Hotels kein Unterkommen finden konnte. Wir waren bereits auf zwanzig Mann angewachsen, Offiziere aller Waffengattungen, und das Glockenläuten und Säbelrasseln, dazwischen das Lachen, Rufen und Donnern, durchlärmte die Nacht. »Wir müssen hinein«; darüber herrschte nur eine Stimme. Pläne wurden bereits entworfen, wie das »alte Ungeld« im Sturm zu nehmen sei, als ein ungewisser Lichtschimmer zwischen den Ritzen des Torwegs sichtbar und bald darauf der Schlüssel im Schloß gedreht wurde. Die Tür ging auf, und eine kleine Laterne in der Hand, stand ein czechischer Hausknecht, klein, strubblig, verschlafen, vor uns.

Allgemeine Heiterkeit begrüßte ihn. »Der ist echt!« riefen einige der Vordersten, und so bereitwillig zugestanden werden muß, daß ein starker Kampagne-Ton bereits unter uns vorherrschte, so gewiß ist es doch auch, daß eine übermütige Laune nie dringender herausgefordert wurde. Diese Herausforderung lag zum großen Teil in der leichtfertigen Behandlung, die die Kostümfrage von seiten dieses czechischen Struwwelpeters erfuhr. Ob er nun sein Beinkleid verkehrt angezogen hatte oder ob der böhmische Schnitt sich mehr der Kinderhose nähert, gleichviel, seine Rückseite hatte nach unten zu jenen sonderbaren, flaggenhaften Appendix, der hierlandes einen wohlbekannten, aus den Haus- und Mietsverhältnissen entnommenen, in seiner Entstehungsgeschichte noch nicht genügend aufgeklärten Namen führt.

Unser Lachen mochte den Betroffenen wenig verdrießen; er führte uns vielmehr an großen Biertischen vorbei, dann und wann seine Laterne hoch haltend, treppauf und – honny soit qui mal y pense – in das Schlafzimmer der Schließerin hinein. Diese schien an derlei Unterbrechungen ihrer nächtlichen Ruhe gewöhnt und rief uns, während wir Kopf an Kopf zwischen Tür und Bett standen, in beneidenswerter Naivität zu: »Sind's die *zwei* Herren, die bestellt haben?« – »Jawohl«, riefen zwanzig Stimmen.

Kein längeres Verweilen bei diesen Details! Genug – wir kamen schließlich unter. Der letzte Trupp, wie wir anderen Tags erfuhren, hatte sich unten auf die Biertische gelegt, die Reisesäcke als Kopfkissen, und war mit großen blutroten Deckbetten, an denen die Böhmen einen Überfluß zu haben scheinen, zugedeckt worden. Wir (unserer vier) hatten ein kleines Zimmer erhalten, zwei Treppen hoch, am Ende eines langen Korridors, gegenüber einem jener Räume, die in ganz Böhmen einen für unser norddeutsches Ohr durchaus unverfänglichen Namen führen, so unverfänglich, daß es sich allenfalls gestatten würde, denselben hierherzusetzen. Doch nehmen wir Abstand davon, und zwar um so lieber, als unleugbar eine tiefe Kluft besteht zwischen der Harmlosigkeit ihres Namens und ihrer Wirklichkeit.

Es war drei Uhr, als wir das Licht löschten. Zwei von uns lagen in Bettstellen; einer auf dem Sofa; ich saß rittlings auf einem Stuhl und stützte meinen Arm auf die Lehne. Mir zu Füßen lag ein Haufen hoch aufgeschichteter, aus den zwei Bettstellen herausgeworfener Kissen, über deren dunklen Gipfel hinweg ich auf die Fensterscheiben sah und den Morgen heranwachte. Meine Gefährten, glücklicher als ich, schliefen bald; ich aber hatte Zeit, über das »alte Ungeld« nachzudenken. In manchen Stücken traf ich's. Was ich nachträglich erfuhr, ist folgendes:

Das »alte Ungeld«, früher der *Teinhof* genannt und unmittelbar neben der Teinkirche, der ältesten und berühmtesten Kirche Prags, gelegen, war im neunten Jahrhundert eine herzogliche Residenz und hieß der »Tein« von »tyniti«: umpfählen, weil er mit Pfahlwerk befestigt war. Dieser »Teinhof« bildet noch jetzt einen abgeschlossenen Komplex von zehn Bürgerhäusern. Schon 1101 wurde die ehemalige Residenz in ein Kaufhaus umgewandelt. König Johann von Böhmen (derselbe »blinde König Johann«, der 1346 in der Schlacht bei Crezy gegen die Engländer blieb) errichtete hier 1310 ein »Ungeld«, das heißt ein Akziseamt für die neu eingeführte Wein- und Salzsteuer. Später ging es in Privatbesitz über, ein neues Akziseamt wurde errichtet, und was bis dahin einfach das »Ungeld« gewesen war, sank nun zum *alten* Ungeld herab, als welches es in die Reihe der Ausspannungen und Bierschenken eintrat.

»Reisebriefe vom Kriegsschauplatz. Böhmen 1866«; »Ankunft in Prag. Im ›alten Ungeld‹«

Sympathie für den böhmischen Hostinec

Malerisch wie die böhmischen Dörfer sind auch die böhmischen *Städte*. Daß sie klein sind, tut ihnen keinen Abbruch. Mit Ausnahme von Prag und Reichenberg werden sich wenige bis über zehntausend Einwohner erheben; die meisten bleiben weit unter fünftausend. Sie sind klein, aber sie sind nicht unbedeutend. Im Gegenteil, alle sehen nach etwas aus, und der »Ring« auch des kleinsten Städtchens macht in der Regel einen großstädtischen Eindruck. Hier stehen Kirche und Rathaus, in der Mitte erhebt sich eine Mariensäule, und Arkaden oder »Lauben« (nach Art unserer ehemaligen Stechbahn) umziehen den Platz, dadurch den stattlichen Eindruck des Ganzen steigernd. Man empfindet etwas von einer alten Kultur; alte Zusammenhänge mit dem Süden, mit Italien werden sichtbar.

An diesem »Ring« befindet sich denn auch der Hostinec, der Gasthof. Wie alles in diesem Lande typisch ist, so auch das Gasthaus. Es ist groß, geräumig, ein breiter Flur scheidet links das Gastzimmer von der rechts gelegenen Küche, deren Herdfeuer beständig brennt und deren Dampf und Fettwrasen das Haus durchzieht. Küchengeheimnisse kennt der Hostinec nicht; wer nicht dem Brodem abmerkt, was es gibt, dem sagt es das Auge, denn das Backen und Braten, selbst der mißliche Prozeß des Wurststopfens, alles vollzieht sich vor dem Auge des Gastes, und zwar mit einer gewissen Ostentation, die besagen will: »hier bin ich; ich habe das Licht des Tages nicht zu scheuen.«

So interessant wie die Küche ist auch das Gastzimmer. Meist durch die ganze Tiefe des Hauses sich ziehend, ist es nach vornhin sonnig, nach hinten zu dunkel und schattig. Man sucht sich helle und dunkle Plätze, je nach Gefallen. Breite lederüberzogene Bänke laufen an den Wänden hin, und feste, mächtige Tische stehen davor. Alles, ohne geradezu unsauber zu sein, hat jenen verräucherten Ton, jene ihren Bestandteilen nach noch nicht genau untersuchte Patina, die einem Gastzimmer so wohl kleidet, es so behaglich macht. Und auf dies *Behagen* kommt alles an. Unseren großstädtischen Gasthäusern fehlt alles das, was wohltut, auf die beklagenswerteste Weise; sie geben uns Flitter, dürftige Brocken, hohe Rechnungen und bieten uns eigentlich nichts als die »Ehre«, bei ihnen zu Gast gewesen zu sein. Wer nicht auf den Höhen der Menschheit wandelt, bringt es über das Gefühl eines bloßen Geduldetseins nicht hinaus; er mag von Glück sagen, wenn er Artigkeit findet, Behagen findet er sicher nicht. Behagen aber ist in einem Hostinec. Von »Eleganz«, diesem Schreckensartikel, keine Rede; es fehlen die gestickten Gardinen, es fehlen die Goldleisten, es fehlen die Anstands- und Repräsentationsbilder. Statt dessen hängen die schlecht kolorierten Nachbildungen französischer Soubretten (schlimmerer Worte zu geschweigen!) an den Wänden, und wenn auf dem Bilde »Die Schlummernde« die Kostümfrage nach oben zu so gut wie völlig erledigt ist, so gibt auf dem Bilde »Le tourbillon« der sich in den Kleidern verfangende Wind eben dieser Frage eine fast noch bedrohlichere

Bedeutung. Alles dies ist nicht elegant, kaum anständig, aber es paßt zum Ganzen und stimmt trefflich zu dem langen halbdunklen Tisch, von dessen unterem Ende eben die Ungarweinflaschen fortgeräumt werden, um einer dampfenden Glühwein-Bowle aus Melniker und rotem Ober-Ungar Platz zu machen.

Die ewige Klage, der man begegnet, ist die *Unsauberkeit*. Nun denn auch darüber ein Wort. Es hat mit dieser Klage seine Richtigkeit, aber es kommt darauf an, wer sie vorbringt. Ich habe sie von Seiten gehört, wo sie nichts anderes war als Ungerechtigkeit und Überhebung. Wer die Sauberkeits-Vorstellungen eines siebenmal gewaschenen Engländers mitbringt, wer nie anders gereist ist als zwischen Homburg und Baden-Baden oder zwischen Genf und Interlaken, der mag in einem Hostinec in Klagen und Verzweiflung ausbrechen, wer aber seine Touren zwischen Beeskow-Storkow und Finsterwalde, und zwar zu seiner *Zufriedenheit* gemacht hat, der hat kein Recht, sich in einem böhmischen Hostinec an den Grenzen aller Kultur zu glauben. Im Gegenteil. Die Verpflegung ist im großen und ganzen vorzüglich und jedenfalls besser als in den kleinen Städten unserer alten Provinzen. Kaffee, Weißbrot, Butter sind gut, die »Kipfel« eine Delikatesse; der Tee (dies vornehme Getränk, das so wenige zu bereiten verstehen) hält sich auf der Höhe wenigstens bürgerlichen Anstandes. Die Fleischspeisen passieren, Wildpret ist ausgezeichnet. Die Art des Servierens erregt Bedenken, was nicht ganz bestritten werden soll. Das Tischzeug kommt weniger aus dem Schrank als aus der »Presse«, Messer und Gabel spotten des Versuchs, den fork and knife-Kultus der Engländer mit ihnen durchzuführen; der Wasser- und Handtuch-Luxus ist noch unbekannt, und das Ein-Waschbecken-Prinzip wird noch in rigoröser Weise aufrechterhalten. Aber wie lange ist es denn her, daß wir dieses Prinzipes los und ledig geworden sind? und wie viele kleine Städte gibt es überhaupt, die siegreich damit gebrochen haben?

Bleibt als letztes – die *Bettfrage*. Hiermit steht es nun freilich schlimm; aber – wo stünd es besser? Wo sind die Betten, angesichts deren das »gute Nacht« des sich zurückziehenden Hausknechts nicht zu einer bloß schabernackschen Bemerkung würde, wo sind die Ruhekissen, die wirklich Ruhe verheißen, wenn nicht das »persische Pulver« bereits seine Zauberkreise gezogen hat? Der kleine norddeutsche Gasthof und der böhmische Hostinec, sie sind Geschwisterkind, und Anverwandte sollen nichts Übles voneinander reden.

»Reisebriefe vom Kriegsschauplatz. Böhmen 1866«; »Land und Leute«

Klein- oder Großkofferleute

Und nun die Engländer*hotels*! Es ist freilich nicht angenehm, wenn man mit seinem Kofferchen vorfährt, sich entweder in eine vier Treppen hoch gelegene Mansarde oder (vielleicht in einer durch »Aussicht« berühmten Gegend) in eine Art Höhlenzimmer einquartiert zu sehen, das sein Licht von einem ebenfalls in Halbdunkel gelegenen Korridor erhält. Aber einmal, in den Reisemonaten, wo oft Hunderte von Personen abgewiesen werden müssen, geschieht dies kümmerliche Unterbringen des kleinen Reisenden (der in der Tat oft froh ist, überhaupt noch ein Unterkommen zu finden) nicht aus Mißachtung gegen seine Person, er gehöre nun einer Nation an, welcher er wolle; andererseits, wenn eine mit ihm eintreffende *englische* Familie unter Verbeugungen und unter dem Geflacker vierarmiger Leuchter in die Plüsch- und Teppichzimmer des ersten Stockwerkes hineinkomplimentiert wird, erfolgt dieser pomphafte Krönungseinzug gewiß nicht deshalb, weil es eine *englische* Familie ist, die sieben Zimmer au premier bestellt hat, sondern einfach deshalb, weil es eine *reiche* Familie ist. Wenn Industrielle aus Westfalen, wenn Schiffsreeder aus den Hansestädten oder große Grundbesitzer aus unseren östlichen Provinzen mit ihren Familien, ihrer Dienerschaft und ihrer Wagenburg voll Gepäck vor einem rheinischen oder einem Schweizer Hotel erscheinen, so werden sie schwerlich einer geringeren Aufmerksamkeit begegnen als der Citykaufmann oder der Gentlemanfarmer aus Essex, der vor oder nach ihnen in demselben Hotel seine Zimmer nimmt. Es ist eben auch *dies*, wie beinahe alles heutzutage, eine *Geld*- und *Besitzfrage, nicht* eine Frage der *Nationalität*. Man mache die Probe aufs Exempel und begebe sich – unserer eigenen, sehr lehrreichen Hotels zu geschweigen – in Bäder, die von keines Engländers Fuß jemals betreten werden, und man wird wohl oder übel auch da die Wahrnehmung machen müssen, daß die Leute des kleinen Koffers, und zwar unterschiedslos, neben den Großkofferleuten eine untergeordnete Rolle spielen. Diesem Schicksal können sie in einer Zeit, die, wenigstens dem Unbekannten gegenüber, nur *einen* Maßstab gelten läßt, nirgends entgehen. Alles, was man eben fordern kann, ist Innehaltung des landesüblichen Maßes von Höflichkeit, jene nüchterne Durchschnittshaltung, die freilich nicht wohltut, aber doch auch nicht verletzt. Dieser Durchschnittshaltung, auch in dem England-besetztesten Hotel immer noch, und zwar *ohne Ausnahme*, begegnet zu sein, zwingt uns unsere Wahrheitsliebe hier auszusprechen. Vielfach sind wir aber auch, mitunter zu unserm Erstaunen, auf ein Entgegenkommen gestoßen, das sich, ohne viel Rühmens davon machen zu wollen, wenigstens sehr vorteilhaft von dem Tone unterschied, den wir mitunter in sehr unenglischen, märkisch-pommerschen Gasthäusern der *alten Schule* haben hinnehmen müssen.

»Der deutsche Gasthof, das kosmopolitische Hotel und die Engländer«, 1867

Feiertagsstille im Hotel Zehnpfund

Es geht mir gut. Heute vormittag hab ich mein erstes Gedicht beendet (in drei Vormittagen), und morgen fang ich das zweite an. Ist das auch fertig, so komm ich wieder. Es ist doch ein himmlisches Arbeiten in solcher Berges- und Feiertags-Stille. Dann und wann ein Eisenbahnpfiff, ein Läuten an der Hotelglocke, eine kurze Korridor-Unterhaltung und – alles ist wieder still. Man empfindet dabei doch schmerzlich und beinah ärgerlich, was unsrem großstädtischen Leben fehlt. Das helle Licht hat seinen dunklen Schatten. Daß die große Stadt das helle Licht ist, das ich nicht aufgeben möchte, ist außer Frage, aber daß es ihr an Muße fehlt und daß alles das nicht recht gedeihen will, was des Ausgetragenwerdens bedarf, ist ebenso gewiß.

An Frau Emilie, Thale, 20. Mai 1868

Bei Siecke in Erdmannsdorf

Der Höhenpunkt des Tages, nach hier allgemeiner Anschauung, ist das Diner im Schweizerhaus bei Siecke. Siecke bedeutet hier etwa dasselbe wie seinerzeit Jagor Unter den Linden oder wie die Frères Provençaux im Palais royal. Ihn anzweifeln ist halb lächerlich, halb Hochverrat. Ich verhalte mich also ruhig, ganz abgesehn davon, daß gute Lebensart vorschreibt, auf Reisen nicht zu tadeln. Auf diesem Briefbogen aber darf ich mein Herz ausschütten in Lob wie Tadel. Die Sache ist eigentlich dadurch erledigt, daß man für 10 Sgr. drei Gerichte erhält. Da darf man nicht ins Gericht gehn. Ich berühre den Punkt auch nur, weil man mir schon im Coupé sagte: »bei Siecke? ei, da werden Sie was kennenlernen; er war ursprünglich Koch; sein Sohn kocht auch; ich kann Ihnen nur gratulieren.« Es scheint also einfach, daß der Schlesier ein genügsamer

Kerl ist. Gott erhalte ihn so, aber bewahre ihn vor Edierung von Kochbüchern. Die partie honteuse ist die Suppe, die, unter welchem Namen sie auch auftauchen mag, immer eine einfache Lungensuppe ist, mal mit, mal ohne Mohrrüben. Alle tierischen Interna aber sind mir tief verhaßt; kaum laß ich noch die Leber gelten.

So bescheiden nun der substantielle Teil des Mahles ausfällt, so ist doch das Ganze nicht übel; die Arrangements, worauf Friede [Eggers] so viel gibt, sind anmutig, und man kann beinah sagen, die Schneekoppe steht wie ein Tafelaufsatz vor einem auf dem Tisch. Man ißt nämlich halb im Freien, auf dem Podium einer zwischen zwei Schweizerhäusern gelegenen, weinumrankten Veranda, durch deren offne Bogen man aufs Gebirge blickt. Im Vordergrund Wiesen, Bach, Brücke, weiße Häuser und ein Teil des Parks. All dies ist teils schön, teils lieblich, und das friedlich Heitre des Bildes wächst dadurch, daß zahllose Sperlinge – als wäre die Veranda eine Voliere – darin umherhüpfen und -fliegen; jeder wirft ihnen Brotkrumen zu, und so bietet sich ein immer gleiches und doch immer wechselndes Schauspiel, das ganz zu dem freundlichen Gesamtbilde paßt.

Zwei Kellner warten auf. Mit dem ältren, der der Veranda-Kellner ist, hab ich, unter Anwendung des bekannten Mittels, Freundschaft geschlossen. Wie nah wir bereits stehn, magst Du aus folgender Unterredung schließen, die ich gestern (es gab gerade Huhn mit einer weißlichen Sauce) pflog. *Ich.* Sagen Sie, sind hier immer so viele Wespen? *Er.* Nicht immer; aber jetzt in der Obstzeit. *Ich.* Stechen sie auch? *Er.* O ja, tüchtig; mich haben gestern zwei an der Hand und eine am Kinn gestochen (Er zeigt seine Wunden). *Ich.* Öl soll das beste sein. *Er.* Ich nehme immer Speichel; zwei-, dreimal drübergeleckt und alle Viertelstunde wiederholt, das hilft. *Ich* (unter Zurückschiebung des Huhns). Aber am Kinn; Sie können doch nicht … *Er* (lächelnd). Oh, ich kann schon … (er pinselt an seinem Kinn entlang), aber ich reib es lieber ein. *Ich*. Bitte um Kaffe, aber mit einem Cognac.

An Frau Emilie, Erdmannsdorf, 28. August 1868

Im Stadtgefängnis von Neufchâteau

Im Hinaustreten auf den Vorhof besann sich der Capitaine (wofür ich ihm danke) plötzlich eines Besseren, ließ eine Hinterpforte öffnen und führte mich auf abgekürztem Wege und durch Straßen, wo niemand unserer achtete, in das Gefängnis der Stadt.

Es war ein weitschichtiges Gebäude, Korridore, ein Gewirr von Treppen; endlich öffneten wir ein Zimmer, darin der Greffier von Neufchâteau seine Wohnung hatte. Im Kamin knackten die großen Scheite; die Flamme schlug hoch auf und gab dem niedrigen, aber geräumigen Gemach mehr Licht als die kleine Lampe, die auf dem Tische stand. Im Moment unseres Eintretens erhob sich der Greffier, nahm die Lampe, schlug den Schirm zurück und schritt uns entgegen. Ich war wie vom Donner getroffen; das leibhaftige Ebenbild meines Vaters stand vor mir. Wir schrieben den 5. Oktober; vor drei Jahren, fast um dieselbe Stunde, war er gestorben; – hier sah ich ihn wieder, frisch, lebensvoll, hoch aufgewachsen, mit breiten Schultern und großen Augen, im Auge selbst jene Mischung von Strenge und Gutmütigkeit, wie sie ihm eigentümlich gewesen war.

Der Capitaine übergab mich dem Greffier, der den vollklingenden Namen Mr. Palazot führte, verbeugte sich gegen mich mit einem Anflug von Ironie und ließ mich mit meinem Hüter allein. Ich war jetzt Gefangener. […]

Es mochte 9 Uhr sein. Mad. Palazot, auf meine Bitte, gab mir vier wollene Decken mit; der Alte selbst nahm ein Licht und führte mich in mein »Zimmer« hinüber. Es trug die Inschrift

»cachot« [strenger Arrest]. Wir sagten einander gute Nacht, der Bolzen wurde vorgeschoben.

Ich kann nicht sagen, daß mich ein Schrecken angewandelt hätte; im Gegenteil, ich hatte das Gefühl einer innerlichen Befreiung; ich war *allein*. In diesem Wort liegt Himmel und Hölle. Ich empfand zunächst nur jenen. Der übliche Gefängnisapparat, der Schemel, der Wasserkrug, das eiserne Bett machten mich lächeln. Ich sprach vor mich hin: alles recht. Das Ganze hatte zudem nichts Abschreckendes. Die Wände waren weiß, die Laken sauber, durch das breite Gitterfenster fiel das Mondlicht bis in die halbe Tiefe des Zimmers, drunten, in weißem Schimmer, lag die Stadt. Ich schritt eine Viertelstunde lang auf und ab; dann entkleidete ich mich und wickelte mich in die Decken. Ich war todmüde und hoffte »einen guten Schlaf zu tun«.

Es war anders beschlossen. Ich mochte fünf Minuten geschlafen haben, als mich ein lautes Nagen und Knabbern weckte. Ich fuhr auf und horchte. Kein Zweifel, Ratten. Wie mir dabei zumute wurde, kann ich nicht beschreiben. Ich wußte sofort: einen Schlaf gibt es in dieser Nacht nicht mehr für dich. Hätt ich auch anders darüber gedacht, die Bewohner hinter Wand und Diele hätten mich bald eines andern belehrt. Nie hab ich diese Tiere mit solcher Frechheit sich gebärden sehen; sie waren überall; zupften und zerrten an den Decken, ließen sich durch mein Husten und Zurufen nicht im geringsten stören und machten, wenn sie unter dem Fußboden geschwaderartig und mit stampfendem Gepolter hinjagten, den Eindruck einer infernalen Kavallerie auf mich. Jeden Augenblick mußt ich fürchten, daß sie mein Bett mit Sturm nehmen würden.

Der erste Seufzer kam aus meiner Brust. Bis dahin hatt ich mich gehalten. Ich stand auf, kleidete mich an, wickelte mich in meine Reisedecke und setzte mich auf das Fensterbrett, das gerade breit genug war, meinem Körper Platz zu geben. In solcher Stellung, nur mal rechts, mal links meine Rückenlehne suchend, durchwachte ich die Nacht, zählte die Viertelstunden. Das höllische Getier, das mich einfach als einen Eindringling betrachtete, ließ übrigens auch jetzt nicht von mir ab; sie drängten sich an den Schemel, den ich als eine Art Treppenstufe an das Fenster geschoben hatte, und suchten diesen zu erklettern; als sie aber ihre Anstrengungen scheitern und mich beständig auf Wache sahen, gaben sie endlich ihre Chargen auf. Um 4 Uhr wurde es still; um 5 Uhr dämmerte es.

Um 7 Uhr erschien Mr. Palazot. Ich sagte ihm, daß ich nicht geschlafen hätte und weshalb nicht. Er lächelte. »Ja, ja.« Am Kaminfeuer sollten jetzt die Gespräche vom Abend vorher wieder aufgenommen werden; aber, trotz angeborner Höflichkeit – ich konnte nicht. Eine Viertelstunde lang, während ich wieder ein wenig Wasser und Cognac trank, hielt ich es aus; dann fragte ich ihn, ob er mir wohl erlauben wolle, in seinem Sorgenstuhl den versäumten Schlaf der Nacht nachzuholen? Er nickte, gab mir sein bestes Kissen, und ich rückte mich zurecht. An Schlaf war natürlich nicht zu denken; auch lag mir nur an Ruhe, an der Möglichkeit, mir selber anzugehören.

»Kriegsgefangen. Erlebtes 1870«; »Neufchâteau«

»Seltsame Schlafgesellen« in Epernay

Um die zehnte Stunde etwa war ich in Epernay. Ein Omnibus schaffte mich, samt einem Dutzend anderer Reisenden, in den quadratischen Hof des Hôtel de l'Europe, wo nun jeder, seinen Reisesack in der Hand, geduldig wartete, wie ihm die Lose fallen würden. Es war ein eigentümliches Bild. Von den vier Gebäuden, die den Hof bildeten, lagen drei bereits in Nacht, die vierte Seite aber (ein großer Seitenflügel) stand bis zu halber Höhe wie in Feuer, so lustig flackerte es auf dem riesigen Herd, der sich durch den ganzen Küchenraum hinzog. Der Feuerschein fiel in breiten Streifen auf den Hof und erleuchtete die Fenster des im eigentlichen Hinterhause gelegenen Speisesaals, der schon für den andern Morgen gedeckt und hergerichtet war. Auf jedem Teller, in zum Teil grotesken Gestaltungen, stand eine Serviette; die künstlichen Blumen hatten ihren Platz; fünf Stühle waren umgekippt; – und über dem Ganzen lag Nacht und Stille. Es hatte etwas märchenhaft Verwunschenes.

Ich war wohl der einzige, der diese Betrachtungen anstellte, und erhielt dafür Nr. 48, eine Zahl, die, weil sie sich durch drei und vier dividieren läßt, im ersten Moment größere Hoffnungen in mir erweckte, als sich später als gerechtfertigt herausstellen sollte. Ein Concierge, von einer täuschenden Ähnlichkeit mit unserem Konditor Bolzani, ergriff meinen Reisesack, stellte mit der Linken einen Leuchter auf seinen Kopf und schritt so, *kandelaberhaft*, vor mir her. Ich folgte.

Wir passierten erst einen Torweg, dann ein Stück gepflastertes Terrain, von dem ich nicht recht erkennen konnte, ob es ein zweiter Hotel-Hof oder ganz einfach ein Stück Straßenpflaster war, schoben an einigen Hühnerställen vorbei und zwängten uns dann durch eine kleine, offenstehende Tür eine Stiege hinauf, wo mir dann auch alsbald meine Nr. 48 entgegenlachte. Es waren zwei Zimmer, mit zusammen vier »Schlafgelegenheiten«, alle, im Gegensatz gegen das regelrechte französische Bett, so schmal und kurz, als wären sie aus einem Winkel der Neu- oder Mittelmark hierher verschlagen worden. Ich wählte mir das dritte, das eine ponceaurote Decke hatte, dachte einen Augenblick an die oleander- und räuberreiche Ephialtes-Schlucht, von der mir Professor Vischer vor wenig Stunden erst erzählt hatte, zitierte dann meinen eigenen Trostspruch: »Reisende und Kinder haben ihren Engel« und schob mich unter die Decke.

Ich mochte zwei Stunden geschlafen haben, als ein Getrappel und gleich darauf ein Lichtschimmer mich weckten. Der »Kandelaber« trat wieder bei mir ein, hinter ihm her ein kleiner schwärzlicher Franzose mit einem Handkoffer. Sie flüsterten miteinander. Der Kleine hatte offenbar wegen seines Schlafgenossen eine Frage gestellt, denn er blinzelte nach mir herüber. Der Concierge, ein Schelm, lächelte und sagte dann leise: »Prussien! J'espère, vous n'avez pas peur?!« Damit trennten sie sich. Der Kleine aber (dies Zeugnis bin ich ihm schuldig) atmete schon nach fünf Minuten in jenen eigentümlich unartikulierten Tönen, die mir nicht den geringsten Zweifel darüber ließen, daß ihm jede Furchtanwandlung ferngeblieben war. Nach solchem Doppelbeispiel von Mut und Vertrauen glaubte ich mich meiner optimistischen Weltanschauung fast wie einer Pflicht hingeben zu müssen, zitierte noch in leiser Wandlung:

»Und in Städten klein und groß
Will mein Haupt ich kühnlich legen
Jedem Franzmann in den Schoß«

und schlief ein. Und zwar so fest, wie Graf Eberhart im Bart nur irgendwie und irgendwo geschlafen haben kann.

»Aus den Tagen der Okkupation. Eine Osterreise durch Nordfrankreich und Elsaß-Lothringen 1871«; »Epernay«

Probleme mit dem Spiegelei

Im großen und ganzen muß ich sagen, daß diese Pause gar nicht so übel war. Mein alter »tête de bœuf« (ich meine den Gasthof [in Amiens]) benahm sich höchst anständig, pflegte mich und ließ mich in Ruhe, ganz nach Bedürfnis, und so erfüll ich denn nur eine Pflicht der Dankbarkeit, wenn ich ihm hier ein kleines Kapitel stifte.

Der tête de bœuf hielt sich mühsam an der Grenze eines Gasthofs erster Klasse; er hatte wohl eigentlich seine Jugend in ganz anderer Gesellschaft zugebracht, und die alte Natur schlug immer noch mal wieder durch. Ganz charakteristisch für sein

Rangverhältnis war es, wie er den Tee servierte. Dieser erschien jedesmal in einer Kanne von Britannia-Metall, in deren Tülle ein aus einem Zeitungsschnitzel gedrehter Papierpfropfen gesteckt war, um das Aroma nicht rauszulassen, was mich jedesmal herzlich amüsierte. Denn wenn diese Teeblätter, was keineswegs erwiesen ist, jemals eine Peccoblüte gestreift hatten, so lagen diese Tage weit zurück.

Eine andere Eigentümlichkeit, die ebenfalls auf eine schlichtere Abstammung hindeutete, waren die Galerien, die, wie in Crespy, den ganzen quadratischen Hofraum in allen seinen Etagen umzogen und dem Ganzen einen gewissen Herbergs-Charakter liehen. Was trocknete hier nicht alles! Nichtsdestoweniger waren diese Galerien meine ganze Freude. Sie waren, wie ich schon in einem früheren Kapitel hervorheben konnte, nicht bloß malerisch und phantastisch, sie waren auch nützlich, hilfebringend und die eigentlichen Träger und Vermittler einer Bequemlichkeit, die aus den Gasthäusern, wenigstens soweit ich sie kennengelernt habe, immer mehr verschwindet. Die Klingel hat eigentlich nur noch *die* Aufgabe, den, der sie zieht, zu blamieren. Es kommt niemand. Im günstigsten Falle entdeckt der Betreffende, daß die Drähte längst gerissen sind und daß also das Moment persönlicher Beleidigung in Wegfall kommt. Der Unglückliche, mit mühsam errungener Fassung, tritt nun auf den Korridor hinaus, dessen Länge und Dunkelheit nur eben gestatten, am entgegengesetzten Ende eine »Jungemagd« von reiferen Jahren wie auf einem Camera-obscura-Glas erscheinen und verschwinden zu sehen. Mitunter, wenn er Glück hat, klappert ein Eimer oder fällt eine Stehleiter um. Er ersieht daraus, daß er kein Mausoleum bewohnt, daß hier noch Leben schafft und waltet, aber dabei hat es sein Bewenden, und der »Seele Wunsch bleibt unerfüllt«, wenn nicht ein verirrter Barbier anklopft und in beinah übermenschlicher Güte (denn er wurde abgewiesen) es übernimmt, die Botschaft treppab zu befördern. Wie anders dagegen diese Galeriehäuser! Jeder einzelne, der an ihrer Brüstung erscheint, wird unbedingt zu seinem eignen Notsignal, er *muß* gesehen werden, wenn nicht von rechts, so doch von links, wenn nicht von links, so doch von gegenüber, wenn nicht von gegenüber, so doch von oben oder unten, und nie bin ich mit still erhobener Hand auf solche Galerie hinausgetreten, ohne, wie der Brückenzöllner in Bürgers Ballade, endlich auch *meinen* »braven Mann« gefunden zu haben. Denn das einzelne Herz kann sich verhärten, aber nicht das Herz eines ganzen Hauses.

Drei Tage auf meinem Zimmer! es war unzweifelhaft eine Geduldsprobe! Aber zu erheblichem Teile, und zwar in Folge einer ridikül-absonderlichen Szene, die ich gleich am Tage nach meiner Ankunft an der Table d'hôte durchgemacht hatte, hörte diese Geduldsprobe auf, eine solche zu sein. Es hatte damit folgende Bewandtnis: Ich war nach drittehalbstündigem Kathedralenbesuch etwas verspätet zum Dejeuner erschienen, so daß die übrigen Tischgäste mir um zwei, drei Gänge voraus waren. Das sollte verhängnisvoll für mich werden. Gleich der zweite Gang, wenn ich nicht irre, bestand aus Eiern, die, nach französischer Sitte, nicht in die Pfanne, sondern gleich in den Teller geschlagen waren, in dem sie nun, trotz der heißen Platte, auf der sie gestanden, den Prozeß des Koagulierens nur sehr unvollkommen durchgemacht hatten. Auf dem Perfektgewordensein dieses Prozesses aber beruht die alleinige Möglichkeit, dieses Gerichtes Herr zu werden. Ich sah gleich, daß dies in dem vorliegenden Fall notwendig seine Schwierigkeiten haben müsse, begann aber nichtsdestoweniger gutes Mutes, da wenigstens der Rand, wie ein Graben im Winter, leicht überfroren war. Es ging aber wirklich nicht; die Sache hatte keine Spur von Halt, und ich befand mich in der Lage des Storches in der Fabel, den der Fuchs zu Gast geladen hat. Ich schickte mein Auge rechts und links die Tafel hinunter, um vielleicht dem einen oder andern Mitspeisenden einen Kunstgriff absehen zu können, aber darin rächte sich eben mein Zuspätgekommensein, daß alles schon weit voraus war und nun ausschließlich Miene machte, der Entwicklung des Dramas, in dem ich Schuld und Unschuld zugleich war, neugierigen Blicks zu folgen. Es blieb mir endlich nichts anderes übrig, als unter Verleugnung meiner Grundsätze zu dem bekannten Hilfsmittel der Brotschippe zu greifen, machte aber nur wieder die Erfahrung, wie gefährlich es ist, mit Prinzipien zu brechen. Alle Balancierkunst scheiterte; jedesmal auf halbem Wege zwischen Teller und Mund stürzte das Eiweiß wieder in den Abgrund. Unsagbare Niederlage! Was halfen mir jetzt alle unsere Siege?! Mir war unter dem Bajonettangriff aller auf mich gerichteten Augen nicht anders zumut, als ob St. Privat nie gestürmt worden wäre, und im Wirbeltanz der Gedanken mich zuletzt nur noch dem Instinktiven überlassend, rief ich jetzt, unter Zusammenfassung aller Kräfte, mit demonstrativer Lautheit über den Tisch hin: »Garçon, une cuiller!« Ich hatte natürlich auf einen Teelöffel gerechnet. Hier aber, wo alles schiefging, reichte mir der Kellner natürlich einen schweren Suppenlöffel zu. Furchtbar. Aber von diesem Augenblicke an hatt ich obgesiegt; die Komik der Situation schlug durch, und wenn es ein Gemüselöffel gewesen wäre, es hätte meine jetzt in den Vordergrund tretende Heiterkeit nur noch gesteigert. Ohne Zögern ging ich ans Werk und verzehrte meine Setzeier nunmehr als Suppe. Einige meiner Nachbarn, ganz französisch, lächelten mir zu; die Kühnheit meines Vorgehens hatte mich wieder rausgerissen. Dennoch entsprach es ganz meinen Wünschen, krankheitshalber von einer Stätte geschieden zu sein, die mir fünf Minuten lang so sauer geworden war.

»Aus den Tagen der Okkupation. Eine Osterreise durch Nordfrankreich und Elsaß-Lothringen 1871«; »A la tête de bœuf«

»Trinkgelderhang« oder »Konversationsbedürfnis«

Bei guter Zeit war ich in St. Quentin; die ersten Lichter wurden eben angezündet. Ich nahm Quartier im Hôtel de Cygne, wo ich in einem Seitenflügel untergebracht wurde. Dieser Cygne teilte das Schicksal aller »Schwäne«, die ich bis jetzt in der Hotelwelt kennengelernt habe – er war alles, nur nicht gerade *Schwan*. Die Aussicht ging auf Stall und Müllgrube, alle weiteren Details entziehen sich der Mitteilungsmöglichkeit; das Ganze fiel lähmend auf meine Magennerven. Wer aus Erfahrung weiß, daß ein substantielles Abendbrot oft das einzige Zeit-Wegtötungsmittel ist, wird die Verlegenheiten begreifen, die mir daraus erwuchsen. Etwas indes mußte geschehen; ich beorderte also Tee, Sodawasser und »Ei in der Schale«. Alles kam auch, aber nicht auf ein und demselben Tablette von einer und derselben Person getragen, sondern *zweispännig*, wenn dieser Ausdruck gestattet ist. Die Bedienung trat in duplo auf, und zwar, wie mir bald klar werden sollte, nicht aus Trinkgelderhang, sondern aus einem *noch* nationaleren Sporn: aus Neugier und Konversationsbedürfnis. Ich war Prussien, das genügte.

Die Eintretenden, die mir mit besonderer Freundlichkeit ihre Dienste zur Verfügung stellten, waren Jean und Anatole, von denen jener das Amt eines regelrechten Kellners, dieser die in *unseren* Augen bescheidnere Stellung eines Hausknechts bekleidete. Aber nur in *unseren* Augen. In Frankreich, wie sich manche Leser dieser Kapitel unzweifelhaft erinnern werden, war jener Bedienstete zweiten Grades, für den wir nur jenen plumpen, an mittelalterliche Unfreiheit erinnernden Ausdruck haben, nicht das Geschöpf einer untern Kulturstufe, sondern nur eine *Spielart* jener höheren, ein nahezu gleichberechtigtes Wesen, das neben dem regelrechten Jacken-Kellner vielleicht einfach als Schürzen-Kellner einzurangieren wäre.

»Aus den Tagen der Okkupation. Eine Osterreise durch Nordfrankreich und Elsaß-Lothringen 1871«; »St. Quentin«

Besser bewahrt als beklagt

In dem Hausflur (rechts flackerte ein großes Küchenfeuer) trat mir ein krausköpfiger, behäbiger Herr entgegen, der einen guten Eindruck machte. »Kann ich ein kleines Zimmer haben?« – »Oh, selbst ein großes«; – damit geleitete man mich treppauf und führte mich in ein Zimmer von ganz unverhältnismäßiger Tiefe, das an seiner Schmalseite zwar nur zwei Fenster hatte, an seinen fensterlosen Längsseiten aber deren sechs hätte haben können.

»Wo bin ich hier?« fragt ich den Hausknecht, dessen franktireurhafte Allüren mir das Bild »Anatoles von St. Quentin« sofort wieder vor die Seele führten.

»Im Hôtel de Commerce.«

»Und der Name der Stadt?«

»Charleville.«

Ich nickte, als ob ich ihm ausdrücken wollte: »Ah, dies also ist Charleville, jener herrliche Ort, von dem ich seit Kindesbeinen an gehört habe. Wie bin ich glücklich, seine Bekanntschaft zu machen«; – in Wahrheit aber war ich gerade so klug wie zuvor. Das Beste mußte noch kommen.

Kaum war ich allein, so begann ich meine Spezialkarte aufzuschlagen, mit deren Studium ich mich, wie mit dem des Kursbuches, immer nur im äußersten Notfalle beschäftige. Nun wurd es Tag. Da lag Rethel, da Mohon, und hier, keine Drittelmeile nach Norden zu, Charleville – die Festung aber, deren vier Flußarme ich auf ebenso vielen Brücken passiert hatte, war das vielgenannte Mézières, das in der Silvesternacht unter dem Donner und Blitz des wie ein Gewitter an der französisch-belgischen Grenze entlangziehenden *Kameke* in seinem Kernstück in Trümmer gelegt worden war. Der Reisezufall hatte mir hier noch eine Sehenswürdigkeit erschlossen, deren Besichtigung außerhalb meines Programms lag.

Ich war nun insoweit zufrieden, als ich wußte, wo ich war;

aber bei aller Genugtuung, die mir dies Wissen einflößte, war ich im übrigen wenig beruhigt, wenn ich in dem glänzenden Zimmer Umschau hielt, das mir die splendide Laune des Wirtes angewiesen hatte. War es splendide Laune? War es nichts anderes? Dieser halb lichtlose Saalbau, in dem gespielt und getanzt, in dem aber auch gefoltert und hingerichtet sein konnte (nicht nur das Haupt Maria Stuarts fiel in einem Zimmer), fing an, je mehr ich in seine Geheimnisse eindrang, mir immer unheimlich rätselvoller zu werden. An beiden Längsseiten hin befanden sich Tapetentüren, die in kleine hakenreiche Nischen und Rezesse führten, hölzerne Haken, eiserne Haken, die vielleicht zum Aufhängen von Pelzen und Mänteln, jedenfalls aber zum Aufhängen gedient hatten. Diese Nischen hatten noch wieder allerlei Verschläge, Bretterschirme, deren Bestimmung kaum geahnt werden konnte, während nach oben zu, schornsteinartig, mannsbreite Kanäle aufstiegen, die vielleicht unter dem Dach, vielleicht erst jenseits desselben mündeten. Soviel mußte auch für die vertrauensseligste Anschauung bestehenbleiben, daß das Unheil hier aus wenigstens zwölf Löchern und Kanälen über den harmlosen Wanderer hereinbrechen konnte. Die einzige Beruhigung gewährte das gute Gesicht des Wirtes, der mich empfangen hatte, aber, traurig zu sagen, nichts ist trügerischer als das Menschenantlitz.

Ich traf also, nach dem Spruche: besser bewahrt als beklagt, meine Vorsichtsmaßregeln, schob die Fauteuils vor die Tapetentüren, packte Rohrstühle in so künstlicher Balancierung auf ebendiese Fauteuils, daß sie, bei der geringsten Berührung, mit Gekrach in die Stube stürzen mußten, legte die bekannte Ledertasche in Kleinschinken-Format handrecht auf den Nachttisch und überließ nunmehr, nachdem ich auf diese Weise in eminentem Grade »das Meine getan«, alles andere der vorgeschriebenen historischen Entwickelung.

Sie blieb aus. Ich trug lächelnd und beschämt am andern Morgen die kunstvoll errichteten Bauten, die zwischen Barrikade und Selbstschuß glücklich vermittelten, wieder ab, fragte unten »nach der Schuldigkeit«, die sich (St. Denis und Amiens lagen hinter mir) auf ein Minimum belief, und schritt zu Fuß auf Mohon zu, um von dort aus meine tags zuvor unterbrochene Fahrt nach Sedan zu Ende zu führen.

»Aus den Tagen der Okkupation. Eine Osterreise durch Nordfrankreich und Elsaß-Lothringen 1871«; »Mézières-Charleville«

Hotelmisere in Thüringen

Der Zug hält. Es ist sieben Uhr abends. Jenseits des Schienenstranges steht die übliche Wagenburg von Omnibussen, Kremsern und Fiakern; Hotelkommissionäre, Fremdenführer, Kutscher machen die bekannte Sturmattacke, allen vorauf ein zehnjähriger Junge, der sich mit unheimlicher Geschicklichkeit der kleinen Reisetasche zu bemächtigen trachtet. Alles wird siegreich von mir abgeschlagen, aber nicht zu meinem Heil. Es empfiehlt sich nicht, zu Fuß zu kommen und die bekannten Fragen zu stellen. Ein mitteleleganter Oberkellner ritt, als ich in das Hotel eintrat, bereits auf seinem Drehschemel. »Kann ich ein Zimmer haben?« – »Ich werde fragen.« Er frug aber nicht, schritt vielmehr gleich danach mit dem bekannten Silberblechleuchter die Treppe hinauf, mich der Mitteilung würdigend, »daß No. 7 soeben frei geworden sei«. Diese Mitteilung schien sich bestätigen zu sollen, denn beim Eintritt in die besagte Nummer fanden wir eine Magd bei dem herkömmlichen, in drei Akten: ausgießen, eingießen und überziehen, sich vollziehenden Zimmer-Reinigungsprozeß vor. Ich war nicht begierig, Zeuge dieser Einzelheiten zu sein, und zog mich deshalb lieber in den parterre gelegenen Speisesaal zurück, um hier bei Beefsteak, Kulmbacher und den »Fliegenden Blättern« nicht gerade Mitternacht, aber doch die zehnte Stunde heranzuwachen. Endlich war sie da; noch ein Sodawasser mit Cognac, und ich stieg wieder in meine nach dem Hof zu gelegene Stube hinauf, an deren niedriger Decke sich ein überklebter Balken hinzog. Oben angekommen, war mein erstes, eins der beiden Fenster zu öffnen, da mich die eigentümliche Stubenatmosphäre mehr und mehr zu bedrücken begann. Es schien auch zu helfen. Und nun schob ich mich, müde wie ich war, unter das Bettuch.

Ich mochte eine Viertelstunde geschlafen haben, als das Hinausfliegen mehrerer Stiefelpaare auf den Korridor und das Angespanntwerden eines Hotel-Omnibus (gleich nach 1 Uhr kam ein neuer Zug) mich aus tiefem Schlafe weckte. Zugleich empfand ich einen dumpfen Kopfschmerz, über dessen Ursache ich nicht lange in Zweifel bleiben sollte. Die »frische Nachtluft«, die ich, um der stickigen Stubenatmosphäre willen, einzulassen bemüht gewesen war, stieg leider nicht aus Himmelshöhen zu mir nieder, sondern aus Hofestiefen zu mir herauf und war ein Brodem, wie ihn jeder aus Erfahrung kennt, der, um etliche Jahrzehnte zurück, noch im *alten* Münchener Hofbräu seinen Krug getrunken hat. Nur hatt ich hier die höhere Potenz.

Und an dieser Stelle mag ein kleiner Exkurs gestattet sein! Daheim an den Ufern unserer guten Spree gehört es zum guten Ton, über unsere Berliner Luft zu skandalisieren, und es soll unbestritten bleiben, sie könnte besser sein. Aber was will die durchschnittliche Berliner Hausatmosphäre im Vergleich zu dem Dunstkreise sagen, der in den meisten Hotels und Nicht-Hotels Sachsen-Thüringens heimisch ist. Die Berliner Luft, auch wo sie am schlimmsten auftritt, ist ein Parvenu wie die Stadt selbst, jung, ohne Geschichte, ohne infernale Vertiefung. So schlecht sie sein mag, sie ist einfach, unkompliziert, sozusagen frisch von der Quelle weg. Wie anders dagegen die Hausatmosphäre in den Früh-Kulturgegenden Mitteldeutschlands! Altehrwürdig tritt sie auf, und man kann ohne Übertreibung sagen: die Jahrhunderte haben an ihr gebraut. Sie ist *geworden*, vor allem, sie ist undefinierbar, und wie man vom

Kölnischen Wasser gesagt hat, das Geheimnis seiner Schöne läge in der *Lagerung*, so daß schließlich die Mannigfaltigkeit in einer höheren Einheit unterginge, so auch *hier*. Nur haben wir hier den Revers der Medaille.

Was aus Hofestiefen in mein Zimmer einströmte, gewann mehr und mehr an Gehalt, so daß ich als nächstes Rettungsmittel das Fenster schloß. Aber die Geister, die ich gerufen hatte, waren so schnell nicht wieder zu bannen. Sie waren *mit* mir, *um* mich und schienen wenig geneigt, sich so ohne weiteres austilgen zu lassen. Alle kleineren Mittel scheiterten; da kam mir der Gedanke, den Teufel durch Beelzebub auszutreiben. Ich steckte die »Bougies« an, ließ diese brennen, bis sich eine Schnuppe gebildet hatte, und blies sie dann aus. Nachdem ich dies Verfahren dreimal wiederholt hatte, hatte ich eine Art grönländische Hüttenatmosphäre hergestellt, in deren Rauch und Qualm die »Frische der Nachtluft« endlich glücklich unterging.

»Modernes Reisen«, 1873

Schlechte Leistung, hoher Preis

Der nächste Morgen sah mich ziemlich spät an der Frühstückstafel. Der Wirt stand abwechselnd hinter und neben meinem Stuhl, was ich anfänglich geneigt war, als eine Auszeichnung anzusehen, bis ich gewahr wurde, daß die wirklichen Gegenstände seiner Aufmerksamkeit mir gegenüber saßen: eine kinder- und kofferreiche Familie, die den Abend vorher und beinah gleichzeitig mit mir eingetroffen war. Der Koffer, zumal der im Plural auftretende, gibt den Ausschlag, und der mitteldeutsche mittlere Hotelwirt (in den besseren Häusern ist es besser) bemißt nach ihm das Maß seiner Gnaden, ohne sich auf irgendein anderes Kriterium einzulassen. Und wie der Herr, so die Diener. Nur im Moment der Zahlung rücken die Kleinen sofort in die Rechte der Großen ein, und während bis dahin alles, was ihnen geleistet wurde, auf der Höhe eines Maulwurfshügels stand, tritt jetzt die Rechnungsforderung wie ein Finsteraarhorn an sie heran. Und in diesem Vergleich ist der ganze, auf die Dauer unertragbare Zustand gekennzeichnet! Was in allem waltet, ist ein kolossales *Mißverhältnis*; weder der Ton, der herrscht, noch der Wert dessen, was geboten wird, entspricht dem Preise, der gezahlt werden soll. Über den einzelnen Fall wär es unschwer hinwegzukommen, aber die Fülle der Einzelfälle erzeugt schließlich einen Groll, der fast mehr noch in der Unbill, der man sich ausgesetzt fühlt, als in den direkten Einbußen seine Wurzel hat. Ein Gefühl von Ungehörigkeit, und zwar nicht bloß in Geldsachen, begleitet den Reisenden von Stunde zu Stunde und bringt ihn recht eigentlich um den Zweck seiner und jeder Reise, um die Glättung und Ruhigmachung seines Gemüts. Er will den Vibrierungen entfliehen und zittert häufiger als daheim. Ärger hängt sich an Ärger, und der nach nervenstillendem Ozon verlangende Körper findet jene vorbeschriebene »frische Nachtluft«, die ihn bis an den Rand des Typhus bringt. Die Prätentionen und die Preise richten sich womöglich nach dem Clarendon-Hotel in London, während doch der alte Herbergs-Charakter immer noch umgeht und sich wie Banquo, die Gäste schreckend, mit zu Tische setzt.

Auf die eine oder andere Weise muß hier Wandel geschafft, müssen die *Leistungen höher* oder die *Preise niedriger* werden. Das letztere wäre das bessere und ein wahrer Segen. Weg mit den abgetretenen, lächerlichen Teppichfetzen, weg mit der tabaksverqualmten Goldtapete, weg mit dem schäbigen Plüschsofa und der türkisch geblümten Steppdecke, deren bunte Dunkelfarbe jede Möglichkeit zuläßt, vor allem weg mit dem großen Reise-Tyrannen, dem *Table d'hôte's-Unsinn,* weg mit den sieben Gängen, die bis zum letzten Bissen nichts repräsentieren als einen Wettlauf zwischen Hungrigbleiben und

Langerweile. Denn wer wäre je an Leib gesättigt und an Seele erfrischt von diesem Zwei-Stunden-Martyrium aufgestanden! Statt dieses elenden Plunders eine gut ventilierte Stube, ein Stuhl und ein Tisch, eine Matratze und eine wollene Zudecke; vor allem die Freiheit, essen zu können, *was* man will und *wann* man will. Die Herren Wirte sind des Publikums willen da, nicht das Publikum der Wirte willen. Aber überall verkehrt sich der natürliche Lauf der Dinge, und gegen die Verkehrtheit ankämpfende Gemeinplätze werden wieder zu Weisheitsregeln.

»Modernes Reisen«, 1873

O Gott, was für Manieren …

Der Dank für all die kleinen Aufmerksamkeiten, die ich hier vorgefunden habe, besteht in der maliziösen Mitteilung, daß ich 7¼ Uhr glücklich hier eingetroffen bin und um 8 Uhr, nach eingenommenem Kaffe, mich bereits in der Lage sehe, diese Zeilen schreiben zu können.

Auf diese neue Seite soll aber doch die Wahrheit kommen.

Ein regelrechter Omnibus geht um 4 Uhr nicht, aber ein Extra wird eingeschoben und läßt sich den doppelten Preis bezahlen. Ich fuhr allein, was mir ein Labsal war, denn diese Omnibus-Gesellschaft zählt nicht zu meinen Erbauungen. Langweiliges, großmäuliges Volk mit schlechten Zigarren und noch schlechteren Manieren. Höchst charakteristisch war die erste Begrüßung hier. Der Wagen hielt irrtümlich vor *Rüdigers* Gasthof, und der Hausknecht öffnete. Ich sagte ihm den Zusammenhang. »Na, denn is et ooch keen Malhör.« Damit war ich entlassen. Die ganze Dummdreistigkeit des hier umherwankenden Geschlechts spricht sich darin aus.

An Schwester Elise, Neuruppin, 22. September 1873

Mittagessen in Neuruppin

In dem »Szekler Landtag«, einem ziemlich berühmten Gedichte von Chamisso, ist der Refrain: »Es regnet, regnet immer noch.« Darin hat er, große Situationen nach Dichter- und Prophetenart ein für allemal kennzeichnend, auch die meinige getroffen. Es regnet, regnet immer noch. Am Freitag Regen mit Pauke, heute Regen mit Regen. Den Alpaca-Schirm hab ich bereits gesegnet, als ich heute mittag bei Gentz und der »Freundin« meine Besuche machte und natürlich keinen zu Hause traf. Ich ging dann zu Rüdiger oder seinem Nachfolger und speiste mit dem Wirt selber, zwei Mann hoch. Brühsuppe, Schnittbohnen und Hering, und Kalbsbraten. Es hatte einen Wert von 5 Sgr., kostete aber 15, die ich, mit Rücksicht darauf, daß ich der einzige Gast war, gern bezahlt hätte, wenn nicht der Wirt selbst, im übrigen ein guter, dämlicher Kerl, durch Verbrauch von wenigstens 15 Zahnstochern und beständiges Nachhelfen mit allen fünf Fingern (und was für welchen) mir den Appetit total verdorben hätte. Ich empfand wieder ganz die Wonne, einem höhren Kulturvolk – nach einigen dem »einzigen« – anzugehören. Schweine sind es und Rüpel, nur dies steht fest.

An Frau Emilie, Neuruppin, 23. September 1873

Historische Reminiszenzen

In Prag Ferien!

Ist das statthaft:

Nach dem, was mir noch vom »Braunen Roß« und dem »Goldenen Stern« in Erinnrung ist, würd ich beide nicht zu den klimatischen Kurorten zählen; es ist in den Korridoren dieser alten Hotels so was Ammoniakalisch-Hofbräuartiges auf alle Ewigkeit hin zu Hause. Und man kann doch nicht immer in der Moldau liegen, auch wenn sie nicht, wenigstens um die Nepomukbrücke herum, für meine sensitive Haut einen ewigen Schudderton hätte. Ich kann nirgends von historischen Reminiszenzen absehn und würde mich nie haben entschließen können, im Tower mein Beilager zu halten. Aber Pardon für das Geplapper.

An Gustav Karpeles, Wernigerode, 18. August 1880

Ahnungsvolles Grauen vor der Nacht

Ein Butterfaß und mein Koffer waren die einzigen Gepäckstücke, die in Berlin aufgeladen wurden.

Die Tinte ist furchtbar, und ich kann eigentlich nicht weiterschreiben; lauter kleine Klümpchen. Wovon man doch alles abhängig ist, die ganze Schreibelust ist hin.

Mein Zimmer ist reizend, und der Blick über den Vorgarten fort auf den starkbewegten Strom und die Heide dahinter erquickt mich. Die Luft ist ozonreicher als nötig und macht mich fiebrig; es weht eine starke Ostbriese; dennoch fühle ich, daß meine Nerven sich dabei erholen. Nur die Tinte. Geht das so fort, so können all perfumes of Arabia mich nicht wieder gesund machen. Auch vor der Nacht hab ich ein ahnungsvolles Grauen – es sieht alles sehr mäusrig aus. Herr Kaeppel hat 2 Kinder – es geht nicht weiter. Er hat also 2 Kinder, einen 4jährigen Jungen und eine anderthalbjährige Tochter, beide stellen der Luft und Verpflegung ein glänzendes Zeugnis aus. Frau Kaeppel hab ich noch nicht gesehn – sie »erwartet«. Nach 18 Monaten ihr gutes Recht. Der Verkehr – ich meine den geschäftlichen – ist gering, was mir eigentlich lieb ist. Wozu immer Berliner!

Über die Geschichte von Hankels Ablage bin ich bereits informiert, damit aber hat es sein Ende. Die Menschen gefallen mir, aber die Tiere ... Hoffen wir indes; draußen schlägt eben die Nachtigall und widerlegt meinen Pessimismus. Ich bin angegriffen, müde, aber das schadet nichts, wenn ich nur jeden Tag 2 frische Stunden habe.

An Frau Emilie, Hankels Ablage, 12. oder 13. Mai 1884

Besteck-Knappheit auf der Anna-Kapelle

Mama fährt fort, sich zu erholen. Gestern machten wir von 11 bis 8 eine Tagespartie, neun Stunden unterwegs, von denen gut die Hälfte marschiert wurde. Eine ganz anständige Leistung. Wir waren auf der Anna-Kapelle und feierten den Tag durch Weinsuppe, Forellen und Eierkuchen. Aber nur halbe Portionen, ein Vorschlag, der weder von mir noch von Mama ausging. Ich bin nicht für halbe Portionen und wurde gestern in meiner Abneigung dagegen neu bestärkt, denn nur mit Mühe setzten wir für unsre 2 Portionen 4 Teller, 4 Löffel und 4 Messer und Gabeln durch. Gott, was ist Anstand! Und wer ist anständig! Der Sparsame, der von vornherein darauf verzichtet, ist eigentlich der klügere, denn der sogenannte »Splendide« zwingt es *auch* nicht und läßt ebenfalls unbefriedigt.

An Tochter Martha, Krummhübel, 27. August 1884

Raubsystem auf Rügen

Ich habe bis jetzt alle Ursach, mit meiner Rügenfahrt zufrieden zu sein. Ein gewisses Raubsystem existiert freilich, das in Schlesien meist noch fehlt, aber die Vertreter dieses Systems sind meist Fremde; die eigentliche Landesbevölkerung ist gut, am meisten das Schiffer- und Fischervolk. In Lohme hab ich von »Stammgästen« viel darüber gehört.

An Tochter Martha, Saßnitz, 13. September 1884

Hasenbraten im Hirschkeulenformat

Gestern und heut hab ich fleißig gearbeitet (*Rheinsberg*; werden 4 kleine Kapitel), wiewohl ich mich nicht recht wohl fühle. Ich war schon nicht recht in Ordnung, als Ihr reistet (die offenstehenden Fenster sind nun mal nicht mein Fall, und ich sehe ein, daß es lächerlich ist, mich in meinen alten Tagen noch daran gewöhnen zu wollen) und verdarb es am Abend vollständig, wo ich einer Aufforderung von Lübke und Eggers folgte und mit ihnen in der neuen hübschen Kneipe (Potsd. Str. Café Restaurant) Abendbrot aß. Hasenbraten gab es. Ich kriegte für 7½ Sgr. eine Portion wie eine Hirschkeule, was in Berliner Restaurationen immer nur dann der Fall ist, wenn es in der Küche heißt: »Fort mit Schaden.« Außerdem war das Stück mit einer ganz gemeinen Stopfnadel gespickt, denn an einzelnen Stellen zog ich ein Stück Wollenfaden statt des Specks heraus. Solchen Kränkungen ist mein Magen nicht mehr gewachsen, und nur durch starke Dosen von Kümmel und Soda hab ich mich über Wasser gehalten.

An Frau Emilie, Berlin, 12. September 1859

Fauler Taubenbraten zum Souper

Am Donnerstag abend (mittags hatt ich bei unsrer guten Merckel abgelehnt) war ich im »Verein für die Mark Brandenburg«. Es waren ohngefähr 18 bis 20 Männer zugegen: L. Schneider, Geh. R. Odebrecht, Maercker, Ledebur (mit seinem Sohn, dem Offizier), Georg Hiltl, Baumeister Adler,

Dr Kletke, Prof. Cassel etc. Es hat mir im ganzen recht sehr gefallen, und ich bedaure nur, daß die Zusammenkünfte eigentlich zu selten stattfinden. Alle vier Wochen einmal und im Sommer 3 Monate Ferien, gibt im ganzen Jahr 9 Sitzungen – das ist etwas wenig. Aber gleichviel – *man lernt*. Dem Tunnel bin ich entwachsen; was Ordentliches kommt ja nur selten vor, und schlechte oder mittelmäßige Gedichte sind mir jetzt ein Greul; nur vor dem Guten resp. Vollendeten hab ich Respekt. In der Wissenschaft aber nimmt man dankbar jedes Schnitzelchen entgegen, und auch bescheidne Kräfte machen sich nützlich. Der Sitzung folgte ein Souper mit faulem Taubenbraten, und das bei Meser Unter den Linden! Unglaublich, aber wahr. Ich gab meinen Teller zurück und bat um ein Stück andren Braten; kriegt es auch. Die andern hatten die Tauben richtig runtergewürgt; sind das Geschmäcker!

An Frau Emilie, Berlin, 23. Mai 1862

Keine kulinarischen Vorurteile

Da ich mich nun

– mit Leib und Leben
Dem Limfjord und seiner Magie ergeben,

so ist mir nichts anders übriggeblieben, als meinen zwei Tagen in Aalborg noch einen dritten zuzulegen. Einen Augenblick schwankte ich, ob ich zu meinem alten »Phönix«, dessen Spezereien-Nest ich soeben verlassen hatte, wieder zurückkehren sollte; da ich dem Abschied aber ein ziemlich feierliches Gepräge gegeben und einige sonore Bemerkungen über Völkerfriede und alte und neue Freundschaft gemacht hatte, so schien es mir das beste, mich nach einem andern Unterkommen umzusehen, und ich wählte das »Limfjord-Hotel«. An diesem anderthalb Stock hohen Gasthaus, das sich unmittelbar am

Wasser und neben der großen Landungs-Brücke erhebt, ist der »Limfjord« echt, aber nicht das »Hotel«. Es ist ein Aufenthalt für Robbenfänger und Walfischjäger, für alles, was eine Wachstaftmütze trägt und, unbeeinflußt durch die Ära des Sodawassers, an den ehrwürdigen Traditionen des »steifen Grog« unveräußerlich festhält. In solchen Gasthäusern ist es aber gelegentlich gar so übel nicht, vorausgesetzt, daß man an der kajütenartigen Einrichtung des Ganzen keinen Anstoß nimmt. Ich habe denn also eine solche Puppenstube bezogen, mit zwei Gardinen von der Größe eines Taschentuches, die mich aber durchaus nicht stören, da das eine Fensterchen die Aussicht auf den Parkgarten von Aalborg-Huus, das andere die Aussicht auf den Limfjord und das geschäftige Treiben an der Landungsbrücke hat. Wird es mir zu eng im Schloß, so geh ich am Quai spazieren, unterhalte mich radebrechend mit der lieben Straßenjugend und kaufe ihnen Äpfel, die schiffsladungsweise aus dem Süden hierhergeschafft und vom Schiff fort – wie auch bei uns auf den Obstkähnen – verkauft werden. Es ist ganz ersichtlich, Obst ist hier schon eine Delikatesse.

Eine angenehme Unterbrechung dieses langen Tages war das Mittagsessen. Der Mensch *ist*, wie er *ißt*; – so schreite ich denn zu einer Beschreibung meines Diners im Limfjord-Hotel, mit dem stillen Bewußtsein, dadurch einen kleinen kulturhistorischen Beitrag gegeben zu haben. In der kleinen Wohnstube unten im Erdgeschoß war angerichtet; der Wirt, ein freundlicher Mann, dessen Dienstwilligkeit in manchen Momenten an das »Sogleich, sogleich« in Shakespeares »Heinrich IV.« erinnert, führte mich selbst an meinen Platz. Ich aß allein; nur die große Wanduhr tickte und schlug und schnarrte hinter mir. Der erste Gang war *Aalsuppe*, was in Aalborg als selbstverständlich hinzunehmen ist. Schade, daß in Dänemark nicht die schwedische Sitte herrscht, nach der man die jedesmalige Mahlzeit mit der Suppe *beschließt*; ich würde dann imstande sein, meiner Darstellung den nötigen künstlerischen

Klimax zu geben; so aber bin ich in der üblen Lage, meinen besten Trumpf zuerst ausspielen zu müssen. Aalsuppe – nie wieder. Sie wird folgendermaßen zubereitet. Man schneidet Aale, Kartoffeln und Äpfel in große Stücke, setzt mit Wasser auf und läßt kochen; vor dem Anrichten wird eine Prise Zucker zugetan. Ich kostete der Reihe nach, erst die Suppe, dann den Aal, dann die Kartoffeln, dann die Äpfel – es war aber nicht möglich. Der Aal schmeckte wie Apfel und der Apfel wie Aal.

Ich weise übrigens die Supposition kulinarischer Vorurteile strengstens zurück; sogenannte »schreckliche Zusammenstellungen« erschrecken mich längst nicht mehr. Ich lasse in jedem Einzelfall die Zunge entscheiden; ich darf sagen, sie ist milde, aber sie ist auch gerecht.

Über den Rest geh ich schnell hinweg. Es folgte ein vorzüglicher Plattfisch, den ich schon in Kopenhagen gegessen und der die Mitte hält zwischen Flunder und Steinbutte; er hat die Zartheit jener ohne ihre Weichlichkeit und die Schmackhaftigkeit dieser ohne ihre Härte. Die Kartoffeln hier sind gelb, schwer, hart – man versteht sich nicht auf ihre Zucht. Dann folgte Lamm, dieser herrliche patriarchalische Braten, der hier unterschätzt wird, weil er jahraus, jahrein der unvermeidliche ist. Er ist hier dasselbe, was in Bayern der gekochte Kalbsbraten ist, und doch ist Lamm eine besondere Gottesgabe. Das Geschirr ist ärmlich (man merkt an all dergleichen, daß man in einem manufakturlosen Lande lebt) und hat solchen Wert, daß man es mühsam wieder zusammenflickt. Der abgebrochene Kopf des einen Schüsseldeckels war höchst sinnreich durch eine Messingplatte an dem Deckel wieder befestigt; die Reparatur war mehr wert als das ganze Gerät. All die Zeit über sang eine junge Frau in der Küche nebenan dänische Volkslieder, und Boote und Segelschiffe fuhren auf dem Limfjord draußen scheinbar dicht an meinem Fenster vorüber.

»Reisebriefe aus Jütland«, 18. September 1864

Erstaunliche Leistungen an der Table d'hôte

Die Kissinger Brunnenpromenade hat mir wenig imponiert, desto mehr, freilich in einem andern Sinne, die Table d'hôte. Ich hätte nie geglaubt, daß eine *Gesamtheit* von Menschen (einzelne mit sogenanntem »gesegnetem Appetit« findet man überall) so viel essen könne. Schon gestern fiel es mir auf. Ich beschloß, heute schärfer zuzusehen. Und so tat ich. Die auserkorenen Opfer meiner Beobachtung waren natürlich mein Gegenüber und seine Nachbarn rechts und links. Mein Visavis, untersetzt, geschwollen, mit fehlenden Augenbrauen und Stahlbrille, machte den Eindruck eines Berliner Rechnungsrats. Er aß: zweimal Suppe, drei Rindfleisch mit Zubehör, ein Wirsingkohl mit Gulasch von Kalb und Schinkenbeilage, drei Rinderbraten, eine Mehlspeise. Dieser supponierte Rechnungsrat war aber keineswegs der Sanspareil. Ihm zur Rechten saß ein schmächtiger Magdeburger Kaufmann, jung, nervenverbraucht, mit einer blonden, hahnenkammartigen Hochfrisur. Der ganze Bau sah aus wie auf schlechten Marinebildern eine steife Welle, die eben umkippen will. Dieser blasse Blonde schlug seinen Nachbarn noch um ein Stück Rinderbraten. Dabei verschmähte er das Ratenprinzip, das *allmähliche* Heranziehen von Kraft und Stoff. Er operierte kühn und sicher zugleich; kein »nach und nach«; ganz ist der Mann. Als er gegen den Braten vorging (vier aufgetürmte Schnitten), sah es aus, als schnitte er eine Torte an.

Aus Thüringen, 1867

Am besten selber kochen

Ich freue mich sehr auf Dein Kommen und setze voraus, daß Du Kraft genug hast, von den angeblichen Pluszweitalern loszukommen. Es kann aber hier nur etwas werden, wenn Du

Dich wieder entschließt, einen Tag um den andern zu kochen. Das Essen hier ist *zu* schlecht und dabei teuer. Das landschaftliche Bild entzückt mich wieder, der Platz auf meinem Balkon ist mir unbezahlbar, und Luft und Stille tuen mir wohl – aber die Verpflegungsverhältnisse sind erbärmlich. All diese norddeutschen Nester (und die süddeutschen noch schlimmer) sind nur auszuhalten, wenn man selber Menage macht. Ohne mitgeschleppte Wirtschaft geht es nicht. Will oder kann man das nicht, so muß man in *großen* Hotels leben, deren es im ganzen Harz nur zwei gibt: Harzburg und *Thale*. Widersteht Dir also die Kocherei, was ich Dir wahrhaftig nicht verdenken würde (denn es ist eigentlich unterm Stand), so wollen wir nur noch zwei, drei Tage hier sein, bis die 2. Woche abgelaufen ist, und dann auf 8 oder 14 Tage nach Thale gehn. Jede Entscheidung, die Du triffst, ist mir recht, und einzig wichtig ist und bleibt mir nur Deine gute Laune. Das andre findet sich, so oder so.

An Frau Emilie, Wernigerode, 10. August 1880

Ärger im Lokal

Und nun Rügen mit Göhren und Binz! Ich hätte nichts dagegen, aber Mama macht sich nichts draus, und ich kann ihr – wenn auch aus andern Gründen als den für sie bestimmenden – nur recht geben. Ich finde mehr und mehr, daß das Selbstwirtschaftführen die einzige Form ist, wie man die Sache aushalten kann. Nur also wenn wir Anna mitnähmen, ließe sich von Rügen reden. Das Hotel- und Restaurationsessen ist unerträglich; entweder ist es so schofel, daß man von dem Jammerzeug nicht leben kann, oder wenn man leidlich verpflegt wird, kommt man um vor prätentiöser Öde und Langeweile. Daß man angenehme Menschen findet, ist wie das Große Los, man kann nicht darauf rechnen, Regel ist, daß man aus den unangenehmsten Empfindungen gar nicht herauskommt. Heute aßen wir bei »Braun«, wo man uns gesagt hatte, daß es herrlich sei. Eine furchtbare Suppe; dann warten wir eine halbe Stunde auf den Fisch, der kommen soll, er kommt aber nicht; Kellner laufen schweißtriefend auf und ab und sagen in einem fort »Pardon«, so daß tatsächlich die Luft davon schwirrt, hart in unsrem Rücken sitzt eine Judenfamilie, und der Vater sagt beständig: »Alice, setze dich; ›Fräulein‹ wird gleich kommen; ich weiß nicht, wo ›Fräulein‹ bleibt; ›Fräulein‹ wird wohl noch in die Leihbibliothek gegangen sein; beruhige dich, Alice, ›Fräulein‹ wird schon kommen.« Nichts zu essen, empört über die ganze Wirtschaft und um mich her nichts wie das »Pardon« der Kellner und das »Fräulein« des eitlen Juden (er brüstete sich mit der Existenz eines »Fräuleins«) – so verging qualvoll die Zeit, immer noch kein Fisch, und wütend schmiß ich ein 5-Markstück auf den Tisch und ging weg und werde dies berühmte Lokal nicht wiedersehn. Das alles war an einem kleinen »Einzeltisch«, sitzt man an einer langen Tafel, so ist es noch gräßlicher. Die Menschen sind Pack und die verjüdelte Menschheit ist es siebenfach. – Morgens am Brunnen ist es hübsch, das Frühstück schmeckt, die Vormittagsstunden vergehen angenehm bei Lektüre, desgleichen ist der Abend angenehm von 7 bis 9, wo wir beim Tee sitzen und Ei und Schinken auf unsrem Zimmer uns schmecken lassen, dazu kommen Spaziergänge, die stärken und erfreun – der *Verkehr* aber ist gräßlich. In der Regel schiebe ich die Schuld auf meine Ungeschicklichkeit, aber ich bin dabei strenger gegen mich als nötig; – mit auch nur erträglich netten Menschen kann ich ganz gut verkehren.

An Tochter Martha, Kissingen, 25. Juni 1891

Verpflegungsfrage

Daß Dir meine liebe »Effi« so gefällt, freut mich. Empfiehl mich der Frau Gräfin, und freue Dich der Rosen und der Hammelkoteletts; diese sind noch wichtiger als jene. Die Verpflegungsfrage ist für den Kulturmenschen eigentlich das Wichtigste; die Gesundheit hängt gewiß dran und fast auch die Moral.

An Tochter Martha, Berlin, 30. September 1894

Zwiespältiges vom »Weißen Hirsch«

Hier im »Weißen Hirsch« ist es reizend, besonders seitdem wir uns »selber kochen«. Ich bin mit allem Sächsischen einverstanden, schon um der Manierlichkeit der Leute willen. Aber mit der sächsischen Küche, die namentlich in Saucen an dem alten Prinzip der Mehlpampe festhält, kann ich mich nicht einverstanden erklären. Die Luft ist herrlich, und ich habe mich über Erwarten erholt.

An Erich Schmidt, Weißer Hirsch bei Dresden, 15. Juni 1898

»O diese Gerüche«

Saure Fettöne und Teekannen-Patina

Gestern abend auf der Fahrt von Freiburg hierher wurde mir durch einen Mitreisenden der »Storch« empfohlen. Der Name hat in Jahren, wo man nichts mehr von ihm zu befürchten hat, etwas Anheimelndes; so wählte ich mir denn in der Omnibusreihe, die 15 Mann hoch auf 3 Ankommende wartete, den »Cigogne«. Sehr bald beschlichen bange Ahnungen mein Herz. Der Hotel-Omnibus nämlich, um den Storch zu charakterisieren, führte – etwa nach Analogie der roten Türen an der roten Apotheke – zwei Laternen am Backbord, die in einem zinnoberroten Holzgehäuse standen. Der Einfluß zweier Qualmlichter auf die frische Zinnober-Ölfarbe war nun geradezu furchtbar und stellte alles in den Schatten, was von ausgehenden Berliner Droschken-Lampen je geleistet worden ist. Solche Droschken-Lampe hat etwas so unendlich Kümmerliches, daß man, mitten in der Wut, sich eines gewissen Mitleids nicht erwehren kann; diese beiden Storch-Lichter hatten aber etwas Unverschämtes. Nach einer Viertelstunde hielten wir. Alles entsprach den roten Laternen; die ehrwürdige Atmosphäre eines 300 Jahr alten Hotels umfächelte mich, und es waren saure Fettöne in der Luft, die recht gut von einem Braten herrühren konnten, den Ulrich von Hutten hier gegessen hat. So alles. Der Tee in solchen uralten Hotels schmeckt nicht mehr nach Tee, sondern nur noch nach der Teekannen-Patina, die braun, wie alter Pfannenstein, das Gefäß inkrustiert. Im übrigen hab ich gut geschlafen und fühle mich leidlich wohl; das Fieber ist fort. Sonst freilich ist alles beim alten, und alle Mittel versagen den Dienst. Selbst eine Hungerkur hat nichts geholfen; in 27 Stunden nichts gegessen und nichts getrunken, aber es bleibt, wie es ist. Die Medizin ist doch eine erbärmliche Quacksalberei.

An Frau Emilie, Basel, 5. August 1875

Fabelhafte Gerüche im Albergo

Um 7½ waren wir in Lecco, einem betriebsamen kleinen Ort. Ich brachte mein Gepäck auf den Bahnhof und begab mich dann in die Stadt zurück, in den Lion d'or. Ich bereu es nicht, hier 4 Stunden bis zum Abgang des nächsten Zuges nach Desenzano warten zu müssen. Ein Zimmer hab ich natürlich nicht genommen, sondern sitze in dem in seiner Art entzückenden Albergo-Hofe, der, von allen Seiten eingefaßt, bemalt u. umrankt, im Erdgeschoß aus Küche, Ställen, Remisen und Torwegen, in Höhe des ersten Stocks aber aus Galerien besteht. Über diesen Galerien ist ein Leinwanddach ausgespannt, das die eine Hälfte des Hofes in Schatten hält, während auf der andern (ungeschützten) Hälfte die Sonne liegt. Unter dem Leinwanddach sitz ich nun mit andern Gästen und schreibe diese Zeilen. Topfgewächse und Kübel-Bäume: Kamelien, Oleander, Zypressen, bilden einen Honoratiorenplatz, einen salle à manger, in dem Kellner in langschößigen schwarzen Alpaca-Fracks an gedeckten u. ungedeckten Tischen geschäftig sind. Die Küchenfenster, nur sechs Schritt von mir, stehen offen und gestatten mir einen Blick auf die rußigen Wände und die weißbemützten Köche. Wieder empfind ich die außerordentliche Verwandtschaft zwischen dem italischen und dem böhmischen Leben. In Münchengrätz, Sobotka und Gitschin hab ich 1866 ganz Ähnliches gesehn. Zu gleicher Zeit drängt sich's mir auf, daß die Italianissimi unter unsern deutschen Künstlern und Musikern von *ihrem* Standpunkte aus gewiß recht haben, wenn sie einen immer wieder beschwören: die großen Hotels zu meiden und die nationalen Albergos aufzusuchen. Man wird billig, freundlich und sehr gut bedient, lernt Volk und Landessitte kennen und kommt aus dem zuletzt langweilig werdenden, weil scharf vorgeschriebenen Touristen-Geleise heraus. Alles sehr wahr. Dieser Lion d'or ist im Grunde viel interessanter als das Hotel Grande Bretagne, von dem ich komme; nichtsdestoweniger geht es nicht. Die fabelhaften Gerüche, die aus allen Poren eines solchen nationalen Gasthauses quellen, die »Örtlichkeiten« resp. die »Jardins« (wie es in Mailand hieß), das beständige Gebundensein, gleichsam mitzukochen und mitzubraten – schaffen Zustände, die man in einem gewissen Alter und bei gewissen Verwöhnungen auf die Dauer nicht ertragen kann. Dazu kommt, daß diese Albergos keineswegs immer diesem Lion d'or entsprechen; es finden sich auch wahre Räuberhöhlen, und einmal dem ganzen Schrecknis von Knoblauch-Koteletts und entsprechendem »Caffè« verfallen, ist man auf 4 Wochen ruiniert. Nur unverwöhnte Mägen und Nasen dürfen sich nationalen Studien hingeben.

An Frau Emilie, Lecco, 14. August 1875

Multer und Levkojen

Gestern abend 8 Uhr bin ich, bei leidlichem Wohlsein, mit Koffer, Rockbündel und Unsterblichkeits-Paket hier angekommen; ich erhielt № 10, in dem es dermaßen nach einer Mischung von Multer und Levkojen roch, daß ich nach drei Minuten Kopfweh hatte und eine Versetzung nach № 57 vorzog; hier floß aber der Rinnstein vorbei, während zugleich der Fettwrasen aus der Küche opfermäßig emporstieg. Ich beantragte also abermals meine Versetzung, die nun heute früh erfolgt ist. Ich wohne № 45, habe einen prächtigen Blick in die Vorberge, nur drei Stunden (von 4 bis 7 nachmittags) Sonne und Levkojengeruch ohne Multer. Denn mein jetziges Zimmer ist eine Treppe hoch, während № 10 parterre lag. Geschlafen hab ich leidlich gut, im Lauf des Vormittags eine Promenade in das Bodetal hinein gemacht und einige Verse geschrieben; bei Tisch hab ich mich mit einem Hamburger Kaufmann angefreundet, der außer einer operierten, freundlichen Frau aus Mecklenburg zwei niedliche Töchter von 16 und 17 Jahren hat. »Es sind zwei Engel«, hat er mir im Flüsterton anvertraut. Ich jedenfalls werde sie nicht zu Falle bringen.

An Frau Emilie, Thale, 10. August 1877

Stinkendes Öllämpchen

Ein halbes Dutzend rotbraune Giebel, mit einer Turmspitze dazwischen, kucken mir über einen Hof weg, gegen den unser früherer in der Königgrätzer Straße den Charakter einer Riesen-Arena hat, ins Fenster, und hieran, wie in vielem andren, merkt man die Nähe Hollands. Beständig treten mir die Andreas Achenbachschen Ostende-Bilder vor die Seele. Meinen Tee gestern abend erhielt ich auf einem porzellanenen Untersatz, darin ein Öllämpchen von der Größe eines Nachtlichts brannte. Es stank entsetzlich; ich blies es aus und stellte es ins offne Fenster, um es verduften zu lassen. Aber in dem zuglosen Hofe stand die Luft, und so mußt ich persönlich damit fertig werden.

An Frau Emilie, Emden, 18. Juli 1880

Gerüche, undefinierbar wie Saucen

Mit einem stattlichen, aber erregten Herrn, der mir im Hotel-Omnibus erzählte, er habe den zudringlichen Hausknechten »eine runterhauen wollen« (wobei ich unwillkürlich etwas abrückte), kam ich um Mitternacht im »Weißen Haus« an, ein

Haus, das Anspruch auf alle Farben hat, namentlich auf die Braunstufen, nur nicht auf weiß. Es erinnert mich lebhaft an ein Gasthaus in Aalborg, 1864, das den Namen »Phönix« führte und entschieden ein Phönix *vor* dem läuternden Flammentod war. Merkwürdig sind die Gerüche in solchen alten Hotels, ebenso undefinierbar wie die Saucen. Übrigens ist zwischen beiden ein Zusammenhang, namentlich wenn man bedenkt, wie dehnungsfähig der Begriff ist. Einfluß der Zola-Lektüre.

An Frau Emilie, Emden, 18. Juli 1883

Eine Villa in Heringsdorf wäre mir lieber

Mein Debut war hart. O diese Gerüche. Auf demselben Flur wurde gerade gekocht, und der ganze Fettgeruch in meine Stube – ein Glück, daß ich Soda mithabe. Alles unendlich primitiv und »wenig fürs Geld«, dennoch, so sonderbar mir das alles vorkommt, zieh ich es Thale oder ähnlichen Plätzen vor, weil es für meine Gesundheit besser ist. Ich werde viel spazierengehn, arbeiten und *draußen* gute Luft atmen können, und darauf kommt es mir an. Freilich eine Villa in Heringsdorf wäre mir lieber, aber wenn man das nicht haben kann, ist das ganz Primitive immer noch besser als die Forschheit, zu der man die »Forsche nicht hat«. [...]

Stimme in Deinen Briefen nie ein Klagewort an; es könnte zufällig gelesen werden, und man büßt dann auch noch die freundlichen Gesichter ein, die mir ja auch so wichtig sind.

An Frau Emilie, Seebad Rüdersdorf, 7. Juli 1887

Fehlen jeglichen Komforts

Besten Dank für das Paket, das eben heil hier ankam. Ich habe gut geschlafen, auch lange, von 9 bis 7, finde, daß die »Gerüche« nachlassen und das Essen ausreichend ist (gestern zufällig ein schlechter Tag). So hat sich meine Stimmung etwas verbessert. Das Fehlen alles Komforts amüsiert mich mehr, als es mich verdrießt. Gestern trank ich meinen Tee aus einem Seidel, seitdem nun auch das Seidel fort ist, trink ich Wasser aus der Blechkasserolle; in meinem Vorzimmer, das ich nicht benutze, ist eine Scheibe entzwei, kopfgroßes Loch, und wird auch wohl nicht gemacht werden, alle Türen sind ohne Schloß und Riegel, so daß ich meinen »Fauteuil« vorschiebe, wenn ich die Türe schließen will. Aber das stört mich alles nicht; Elegance mit *einer* Wanze oder einem unerträglichen Kellner ist schlimmer als drei zerbrochene Scheiben. Vieles kann man entbehren, wenn man 2erlei hat: Schlaf und Abwesenheit von Ärger.

An Frau Emilie, Seebad Rüdersdorf, 8. Juli 1887

Jauche und Levkojen

Laß mich wissen, wie's George geht und seiner kleinen Frau und wie sich Haus Robert geriert. Vor allem wünsche ich auch von Friedel zu hören, hoffentlich was Gutes. Findest Du Hübsches in der Zeitung, so schneide es mir aus, ich komme hier doch nicht zum Lesen. In den nächsten Tagen will ich auch mal an Friedlaender schreiben; ich bin doch neugierig, was aus seiner Affäre geworden ist. Laß Dir doch von Meten auch die Geschichte erzählen vom »alten braven Herrn«. Aus der Bravheit komme ich nicht heraus, schon W. Hertz nannte mich den braven Casperle. Die Stunden bis Sonnenuntergang brachte ich, nach Metes Abfahrt, an einem Waldrande zu, angesichts zweier großer Roggenfelder, auf denen gemäht und gebunden wurde; es war entzückend, aber alles entzückt mich nur noch halb. Was George in Homburg für Mete bezahlt hat, werden wir wohl ausgleichen müssen; ich bin nicht für ruhige Hinnahme solcher Gut- und Edeltaten. Ich weiß nun nichts mehr; durch mein offenstehendes Fenster strömt der hier, und auch woanders, ständige Mischgeruch von Jauche und Levkojen ein, erstrer prävalierend, und gibt ein Bild aller Dinge. Das Leben ist nicht bloß ein Levkojengarten.

An Frau Emilie, Seebad Rüdersdorf, 18. Juli 1887

Malerisches Drecknest

Es wäre hier alles ganz gut, aber die Gerüche sind fürchterlich. Wenn ich sie in ihrer Zusammensetzung erkennen könnte, möchte es gehn, aber in dem Undefinierbaren liegt etwas Schreckliches. Mir zur Seite, wenn auch 2 Etagen tiefer, ist eine Gänsehürde – diese habe ich im Verdacht, die Hauptsünderin zu sein; allgemein Sonnabendsches – es wird alles gescheuert – mischt sich ein. Der Bahnhofsportier schickte mich durch eine Duenna hier herüber, und ich bin ein bißchen das Opfer einer Kleinen-Leut- und Unter-der-Hand-Verschwörung. Jetzt habe ich es: es sind die gewaschenen Wolldecken, die meinen alten Ingrimm gegen blankets etc. nur noch steigern.

Die Stadt und das Leben hier sind hochinteressant: vergorene Residenz, malerisches Drecknest und dazwischen das denkbar feinste und intelligenteste Publikum – Engländer aller Arten und Grade, sehr vornehme und daneben kolossale Karikaturen. Bierkneipen und Hotels 1. Ranges, in deren einem, »Zum Reichsadler« (mit einem alten malerischen Brunnen in Front), ich eben gesessen habe. Nach den Anstrengungen des heutigen Tages mußte ich mir etwas gönnen, und die »Gerüche« hier verlangen Balancierung, sonst werde ich krank.

Ich freue mich, daß ich hier bin, sehe aber ein, daß die ganze

Geschichte doch nur für Lords und Bankiers inszeniert ist. So daß man eigentlich nicht hineingehört. Wer mit keinem Tonnengewölbe-Koffer ankommt, ist von vornherein unten durch. Zwei Tage wird es aber gehen. Alvari habe ich eben gesehn, viel England und Amerika um sich her. Grüße die Kissinger. Wie immer

Dein Alter.

Ich schreibe morgen nicht, es bleibt also bei diesem ersten und letzten Briefe.

Eben habe ich die letzten 3 Fremdenlisten gekauft und durchgesehen: ⅔ sind Engländer und Amerikaner; Amerikaner noch mehr als Engländer, viele aus Denver, wo die zweite Hälfte meines schlesischen Romans spielt.

An Frau Emilie, Bayreuth, 27. Juli 1889

Das Örtchen. Ein fatales Kapitel

Wäre ich jünger und frischer und machte mir überhaupt noch was Spaß, so würd ich ein Feuilleton schreiben »Das Örtchen« und den vollkommen richtigen, durchaus nicht übertriebenen Satz durchführen: »jeder Ort in Deutschland scheitert am Örtchen«.

An Frau Emilie, 19. Juli 1884

Notdurft in Magdeburg

Nachdem ich 3 Stunden geschlafen, hab ich mich angezogen, meinen schwarzen Überrock hinten mit Dinte ausgeschmiert und bin dann zu unsern lieben Merckels gegangen, wo ich Brühsuppe, saure Kartoffeln mit Rindfleisch und Spickgans und schließlich Sauerkraut mit Hasenbraten genossen habe, dazu Rotwein von Nitze, alles wie sonst und gut und nett und liebenswürdig wie sonst. In einer guten halben Stunde werd ich zu Mama nach Bethanien fahren, morgen dann zu Landsberger, Minister, Zahnarzt und sonstigen Persönlichkeiten von Distinktion. Die Eindrücke, die ich bis jetzt empfangen habe, sind im ganzen gut; über manches allzu Preußische hab ich Humor genug gehabt zu lachen, z. B. über 2 Schildwachen in Magdeburg, die faktisch mit halbgefälltem Bajonett auf mich eindrangen und mit einem laut in die Nacht hineingeschrieenen: »hier wird nicht geschifft« den friedlichen Lauf der Dinge bei mir rauh militärisch unterbrachen. »Grausamer!« antwortete ich und beendete das einmal angefangene Werk in den dunklen Kasemattengängen der Festung.

An Frau Emilie, Berlin, 17. Januar 1859

Schrecken der Berliner Toiletten

Wäre ich ein brillanter Fußwandrer, der die Insel [Usedom] nach allen Seiten hin durchstreifen, Abwechslung in die Bilder bringen, auch wohl mit dem Volk in Berührung kommen könnte, so wäre das ein ander Ding; – wie es aber ist, so ist es schön, aber langweilig, trotz der Bekanntschaften, die ich hier gemacht oder erneuert habe. Nur eines bleibt: *die Luft*, die dem ganzen alten body wie ein Balsam ist. Und das ist doch die Hauptsache. Was diese Seite angeht, so denk ich mit Schrecken an die water closets (wie schön ist der grüne Wald und das hohe Heidekraut zu diesem Behuf) und alle die entsprechenden Zugaben der Berliner Häuser im allgemeinen und des Corsallyschen in specie. Auch der Korridor der Hirschelstraße dämmert gespenstisch in der Ferne.

An Frau Emilie, Heringsdorf, 30. August 1863

Reine Gebirgsluft selbst auf dem Klo

Meine Wohnungsangelegenheit wurde nun schnell vermittelt, und ich zog mit untergehender Sonne beim Gendarmen Brey in ein 2fenstriges Giebelstübchen ein. Die ersten Momente stimmten mich zu einer lächerlich-wehmütigen Betrachtung. In dem Zimmer, das seit mehreren Tagen nicht gelüftet sein mochte, roch es nach gestoßnem Pfeffer und Himbeeräpfeln, zwei Artikel, die, bei allem Respekt vor jedem einzeln, doch in ihrer Mischung alles andre eher sind als angenehm. Ich sagte mir: »und um dieser reinen Gebirgsluft willen bist du 40 Meilen weit gereist!« Dieser erste kleine Schmerz wurde aber bald wieder in Balance gebracht. Ich erkundigte mich nach jener bekannten Lokalität, nach der einzelne ängstliche Gemüter, wenn sie in einen Gasthof treten, immer zuerst fragen. Herr Brey trat mit mir an das Fenster und sagte: »Dort unter den Bäumen.« Im ersten Augenblick erschrak ich und dachte: »sollten die idyllischen Zustände hier so weit gehen ...«, bald aber bemerkte ich zwischen zwei Apfelbäumen einen primitiven Holzbau, den man, seinem Stil nach, vielleicht als einen Vorläufer des Schilderhauses bezeichnen könnte. Wie hatt ich dies alles aber unterschätzt. Die ganze Örtlichkeit, bei nährer Bekanntschaft, erwies sich als ein Ideal. Weiß gescheuert, die Tür offen, alles, wie das Schloß im Märchen, von Bäumen umstellt, von Schlingpflanzen überwachsen, war hier eine Art Buen-Retiro geschaffen, wie es die große Stadt mit all ihrem Erfindungsplunder, mit Ventilation und Wasserwerk nicht leisten kann. Dazu die schönste Luft, viel besser als in meinem Zimmer mit seinem Pfeffer und seinen Himbeeräpfeln. Mir fiel der alte Bauexamen-Witz ein: Was würden Sie tun, daß es in der Küche nicht raucht und auf dem Klosett nicht riecht (Antwort: ich würde auf dem Klosett kochen und in der Küche ...), und ich mußte mir sagen, daß ich durch einen ähnlich kühnen Tausch an »reiner Gebirgsluft«, diesem Zweck meiner Reise, gewinnen würde. Übrigens haben diese 2 Tage bereits viel gebessert, jedenfalls aber wohne ich bei freundlichen, ordentlichen, gefälligen Leuten und habe alle Ursach, zufrieden zu sein.

An Frau Emilie, Erdmannsdorf, 25. August 1868

Peinliche Suche nach der »Örtlichkeit«

Wieder sitze ich an einem Wackeltisch, um an Dich zu schreiben; alle Tische scheinen hier wacklig, wie das Land selber. Welche falsche Vorstellung haben wir von diesem Lande gehabt! Wir hielten es für reich, blühend, äußerlich prosperierend, schön in der Erscheinung seiner Städte. Von alledem ist wenig vorhanden, wenigstens sieht man nichts davon; es ist möglich, daß in den Banken, in den Truhen und Kästen ein Reichtum zu finden ist; in dem, was *sichtbar* wird, ist nichts davon zu bemerken. Wo immer man in Deutschland reist, hat man den Eindruck des Fortschritts, der ascendance, hier *überall* den des Rückschritts, des Verfalls. Man hat sich um die Welt draußen nicht bekümmert und ist von dieser total überholt worden. Selbst Östreich, soweit ich es kenne, macht nicht so sehr den Eindruck der Stagnation wie dieses moderne Frankreich. Man empfindet deutlich, daß sie unterliegen *mußten*; alle Kraft, alle Frische, alle Strebsamkeit, alle Umschau haltende Intelligenz ist auf unsrer Seite. In den Beobachtungen, die ich mache, *kann* ich mich kaum irren, denn ich trage keine Vorurteils-Brille und habe, auf den vielen Reisen, die ich in meinem Leben gemacht habe, in der Regel den entgegengesetzten Eindruck gehabt, *den*, daß man uns in äußerlichen Dingen voraus sei. *Gut* hab ich bis jetzt nur die Betten gefunden; im übrigen von Luxus, Komfort, Elegance keine Spur. Natürlich existiert das alles, aber wenn man fast 8 Tage in einem Lande ist und zum Teil in guten Hotels und Cafés sich bewegt hat, will man doch auch *etwas* davon gesehn haben. Das Essen ist gut, das Frühstück erbärmlich; der »Tischwein« das Schrecknis aller Deutschen.

Seit gestern nachmittag bin ich hier. Mit meinem Eintreffen in Toul bin ich in den poetischen Kreis der Jeanne d'Arc eingetreten, ohne daß ich sagen könnte, bis jetzt poetisch-romantisch berührt worden zu sein. Meine ersten Erlebnisse hier standen in einem eklatanten Gegensatz zu aller Poesie. Ich brach natürlich gleich auf, um der berühmten Kathedrale meinen Besuch zu machen, eh ich aber noch eintreten konnte, empfand ich ein solches Rumoren in mir, daß ich es für klug hielt, einen eiligen Rückzug in mein Hotel anzutreten. Ich erreichte es auch glücklich, aber bald mußte ich mich überzeugen, daß damit wenig gewonnen sei, denn die Korridore auf und ab laufend, konnte ich jene Lokalität nicht finden, die in der Regel durch eine Türe in kleinerem Format kenntlich ist und an deren Überschriften sich die Dezenz der Menschheit so mannigfach versucht hat. Aber weder Tür noch Überschrift war zu finden. Es blieb mir endlich nichts andres übrig, als die Glocke zu ziehn. Richtig, alle meine Ahnungen gingen in Erfüllung. Statt einer jener Strickstrumpf-Frauen, mit denen man sich auf den deutschen Bahnhöfen so schnell und gemütlich einlebt und von denen ich jede einzelne in diesem verzweifelten Augenblick mit einem Franken belohnt hätte, erschien die Tochter der Madame Millot, stellte sich mit einem gewissen patriotischen Schmerzensausdruck, der ihr gut stand und den ich gleich bei meinem Kommen beobachtet hatte, in die geöffnete Tür und sagte ernst: »Monsieur, vous avez sonné!« Die Situation war furchtbar. Ein kurzer Kampf tobte in meiner Seele, endlich siegte, wie immer, die gemeine Menschennatur, und in einem Ton, in dem sich Determiniertheit, Scham und Vertraulichkeit wunderbar mischten, fragte ich: »Oh, Mademoiselle, le cabinet où est-il donc?« Sie blieb ganz sie selbst; dem Ausdruck ihres Patriotismus noch den einer stillen Verachtung zulegend, machte sie eine klassische Armbewegung, etwa wie die Jachmann, wenn sie die Iphigenie spielt, und sagte einfach: »Descendez!« Dann schritt sie voraus, öffnete einen Hof, der die Form und die Größe jener Triangel-Schlafstuben hatte, denen man mitunter in Berliner Häusern begegnet, und verschwand mit einem »c'est ça« vor meinen Augen. So schlimm dies nun alles gewesen war, so kam doch noch das Schlimmere. Die Örtlichkeit hatte ganz den südländischen Charakter, ein Engländer hatte nie seine reformatorische Tätigkeit hier begonnen, und so begann denn jener Schauer- und Scheuer-Akt, dem ich vielleicht erlegen wäre, wenn mich nicht die souveräne Rücksichtslosigkeit meines alten »Kreuzzeitungs«-Kollegen seit 10 Jahren daran gewöhnt gehabt hätte, mir diesen wichtigen Platz des Lebens Tag um Tag durch meiner Hände Arbeit zu erkaufen. So gelang es denn auch hier. Ich eilte auf mein Zimmer. Wasser und nochmals Wasser tilgten zuletzt alle Schuld.

An Frau Emilie, Toul, 4. Oktober 1870

Das »Cabinet« in der Eisenbahn

Zu dem allen nun das Wetter! Seit gestern vormittag regnet es ununterbrochen; ich würde über all dies sehr verstimmt sein, wenn ich nicht das bestimmte Gefühl hatte, daß es in der Berliner Kanal-Luft erst recht nichts mit mir geworden wäre.

Nach dieser Einleitung steig ich nun historisch in die Vergangenheit dieser zwei Tage zurück. Meine Reisegesellschaft, die mir anfänglich ein gelindes Grauen einflößte, war schließlich nicht so übel. Das Ehepaar nebst Tochter führte den Namen Krüger; Krüger selbst entpuppte sich als ein Schwager von Prediger Roland, woraus ich fast schließen möchte, daß die Frau eine geborene Nobiling (wie auch die Gilli) war. Nur wäre sie dann freilich unter dem Niveau der beiden andern Schwestern. Das Ganze echtestes Bourgeoistum: sicher, bequem, trivial, ungebildet, in vorliegendem Falle nur durch Gutmütigkeit genießbar. Der Gichtikus, der mit zwei Stöcken mühsam ins Coupé hineinkletterte, war ein reicher »Proprietaire« aus Lichterfelde, der das Leben und die Liebe stark befahren zu haben schien. Er kannte Spanien und hatte drei Trauringe am Finger. Der furchtbar dicke Junge, der an den Eisenpfeiler lehnte, war das Produkt seiner Laune. Mit welchem seiner drei Trauringe er ihn gezeugt, ist mir ein Geheimnis geblieben. Er stellte der Familie Krüger den Jungen mit folgenden Worten vor: »Was glauben Sie, wie alt er ist? er wiegt 115 Pfund, und seine *Intelligenz* (wörtlich) entspricht seiner Dicke.« – Das »Cabinet« gewährte mir weiter keinen Vorteil als den, Mutter und Tochter abwechselnd verschwinden zu sehn. Meinem bißchen Humor tut dergleichen wohl; fragt man mich aber aufs Gewissen, wie ich all das nun eigentlich finde, so ström ich über von Indignation über diese Mischung von Mesquinerie und Roheit, die all unsre Zustände durchdringt. Das soll nun Nachahmung »amerikanischen Comforts« sein! Lucae versichert uns immer, in 20 Jahren würde Berlin eine der schönsten Städte Europas sein.

Ich glaub es nicht, denn »es liegt nicht drin«. Mit Hilfe der Kanalisation, zu der ich nun mal schlechterdings kein Vertrauen habe, werden wir im Sterbe-Prozentsatz immer höherrücken, und hier und dort wird irgendein Pringsheim eine Kakel-Architektur in die Mitte langweiliger Häuser hineinstellen. Es fehlt der Sinn und ebenso an einer mit wirklicher Autorität ausgerüsteten Leitung. Wenn Schinkel jemals fehlte, so fehlt er jetzt.

An Frau Emilie, Basel, 5. August 1875

Dezenter Hinweis

Es war mittlerweile zwischen 3 und 4 geworden; ich ging in mein Hotel zurück, um einen Augenblick zu ruhn und mich zum Diner umzukleiden. Das Hotel ist sehr gut; anfangs etwas steif und wichtigtuerisch, nachträglich aber aufgetaut. Von der Finesse, die geübt wird, mag das eine eine Vorstellung geben, daß der Ort, der sonst einfach eine Null oder die Aufschrift »Hier« zu tragen pflegt, im Hôtel de la Ville auf blankgeputzter Messingtafel die Inschrift führt: »Jardin«. Oh, du Rosenflor von Charlottenhof!

Das Diner verlief gut, aber stumm, was das Beste ist. Die langweilige, für jedermann nur unerquickliche Sprecherei kommt ganz ab. Ein wirklicher Fortschritt.

An Frau Emilie, Mailand, 10. August 1875

Nächtliches Abenteuer in Hannover

Hannover macht einen vornehmen Eindruck, aber doch sonderbar; in mancher Beziehung wie München: groß, weit, leer, forcierte Gotik (die mir doch nicht recht scheinen will), überhaupt was Raufgepufftes, wie jemand, der sich über seine Kräfte anstrengt und dem die Puste ausgeht.

Die Nacht verbrachte ich anfangs sehr trübselig. Es herrschte in meinem Zimmer ein penetrant ammoniakalischer Geruch, vor dem ich nicht einschlafen konnte und wenn ich schlief, gleich wieder aufwachte. Endlich entdeckt ich's; es war vergessen worden »auszugießen«, dem Bodensatze nach zu schließen, wohl seit 3 Tagen schon. Que faire? Ich schritt zu einem Verdünnungsprozeß. Aber es wurde nur schlimmer: »don't touch it« ist die Devise solcher Beau-reste. So mußt ich denn auf irgendeine Weise *das* ausführen, was das Dienstmädchen vergessen hatte, und geräuschlos Fenster und Jalousien öffnend und den Vorbeimarsch einer Patrouille abwartend, schoß ich alles in goldenem Bogen (der Mond schien) bis mitten auf den Damm. Nachspülen; denn ich traute dem Frieden nicht und noch weniger dem Bodensatz, und nun wusch ich mich und legte mich beruhigt nieder. Das war meine »entrée joyeuse« in die Welfen-Hauptstadt, von der ich mir »als Christ, als König und als Welf« einen reinlichen poetischen Eindruck versprochen hatte. Das alte Lied. Zärtliche Brautpaare haben an ihrem Hochzeitstage, trotzdem Schiller sagt: »Und der Brautnacht hohe Freuden, die die Götter selbst beneiden«, in der Regel einen kolossalen Schnupfen. In den schwereren Fällen Kolik.

An Frau Emilie, Hannover, 26. Juli 1880

Deutschland und seine »Örtchen«

Die *Koppe* sieht mir gerad ins offenstehende Fenster, und die Wiesen *vor* mir tragen mir balsamische Luft zu, aber *hinter* mir liegt ein Korridor mit einem »Hier« und trägt mir so unbalsamische Luft zu, daß ich Kopfweh habe und vor Ekel nichts essen kann. Das »Hier« ist unter anderm die Lieblings-Rückzugsstätte zehn alter Jungfern, die an dem Korridor entlang wohnen und sich durch Ammoniak-Absonderungen auszeichnen. Wäre ich jünger und frischer und machte mir überhaupt noch was Spaß, so würd ich ein Feuilleton schreiben »Das Örtchen« und den vollkommen richtigen, durchaus nicht übertriebenen Satz durchführen: »jeder Ort in Deutschland scheitert am Örtchen«. Dobbertin, Dahlen (beim alten Schierstädt), Liebenberg, Lützburg (Knyphausen), Wernigerode (Kagelmann), Potsdam (Windel), Norderney, Thale und viele andre noch, alle werden wertlos und unbesuchbar durch das Örtchen. Das klingt scherzhaft, ist aber eine ganz ernsthafte Kalamität. Mein erster Gang heute war in den Wald, in dem ich mir auch für die Zukunft einige verschwiegene Lauben ausgesucht habe. Wenn man will, »Sommerfrische« bis ins Letzte.

An Frau Emilie, Krummhübel, 19. Juli 1884

Der Lokus im Levkojenbeet

Wenn Ihr mich über kurz oder lang besucht – vielleicht kann sich auch Friedel auf einen Tag frei machen –, so ist es, glaub ich, das beste, Ihr macht eine Tagespartie draus und fahrt auch 9 ¾ vom Friedrichsstraßenbahnhof ab; dann kommt Ihr so, daß man nach *kurzen* Spaziergängen mit vielem Stillsitzen an schattigen Plätzen um 1 oder 1 ¼ bequem essen kann, welche Mittagsstunde mit Hilfe von Kaffe, Weißbier, Sodawasser oder auch Bowle – wenn sie befohlen wird – sich bis gegen 4 ausdehnen läßt. Dann ist das Schlimmste von Hitze überstanden, und kleine Gartenpromenaden können folgen. Wobei mir einfällt, daß mitten im Garten, unter zahllosen Levkojen-Beeten, auch der »Lokus« ist, an welchen letztren sich für mich tragikomische Erinnerungen knüpfen. Es ist ein durch eine Holzwand geteiltes Häuschen, dessen eine Hälfte für Erwachsene, die andre für Kinder ist. Letztre mit sehr niedrig gehaltenem Sitzapparat. Nun trifft es sich so unglücklich, daß für mich – der ich ja regelmäßig zu spät komme – nur immer der für Kindermaß berechnete frei ist, was mir Attitüden aufzwingt, die ich meinem bittersten Feind nicht wünsche. – Sorge Dich nicht um mich, auch nicht wegen der Hitze und noch weniger, weil mir das Arbeiten schwer wird, *ein* Vorteil bleibt: ich habe Naturluft statt Berliner Stadt- und Kanalluft und sehe und höre mal was andres, was auch wichtig ist, denn ich lebe um mehrere Grade zu still und zurückgezogen. Eine gewisse Umstimmung des Winterschlafkörpers vollzieht sich in all diesen Sommerfrischen, auch wenn sie noch so viel zu wünschen übriglassen.

An Frau Emilie, Seebad Rüdersdorf, 14. Juli 1887

Quellen

Die Texte der vorliegenden Sammlung sind folgenden Fontane-Ausgaben des Aufbau-Verlages und des Aufbau Taschenbuch Verlages, Berlin, entnommen:

Große Brandenburger Ausgabe. Hrsg. von Gotthard Erler. 1994 ff.

Der Ehebriefwechsel. Hrsg. von Gotthard Erler unter Mitarbeit von Therese Erler. 3 Bände. 1998.

Wanderungen durch die Mark Brandenburg. Hrsg. von Gotthard Erler und Rudolf Mingau unter Mitarbeit von Therese Erler. 8 Bände. 1997 (Band 1–7 auch als Taschenbuch-Kassette lieferbar).

Autobiographische Schriften. Hrsg. von Gotthard Erler, Peter Goldammer und Joachim Krueger. 3 Bände. 1982.

Aus den Tagen der Okkupation. Eine Osterreise durch Nordfrankreich und Elsaß-Lothringen 1871. Mit einem Nachwort von Gotthard Erler. 2000.

Im Paris des Nordens. Impressionen aus Dänemark. Hrsg. von Gotthard Erler. 2001

Jenseit des Tweed. Bilder und Briefe aus Schottland. Hrsg. von Gotthard und Therese Erler. 1999.

Jenseits von Havel und Spree. Reisebriefe. Hrsg. von Gotthard Erler. 1998.

Kriegsgefangen. Erlebtes 1870. Mit einem Nachwort von Gotthard Erler. 1999.

Von, vor und nach der Reise. Plaudereien und kleine Geschichten. Mit einem Nachwort von Gotthard Erler. 1999.

Herangezogen wurden ferner:

Briefe. Hrsg. von Kurt Schreinert, zu Ende geführt von Charlotte Jolles. 4 Bände. Propyläen-Verlag, Berlin 1968–1973.

Quellen

Reisebriefe vom Kriegsschauplatz. Böhmen 1866. Hrsg. von Christian Andree. Propyläen-Verlag, Berlin 1973.

Theodor Fontane, Werke, Schriften und Briefe (Hanser-Ausgabe), Abteilung IV: Briefe. Hrsg. von Helmuth Nürnberger. 4 Bände. 1976–1982.

Für die Zusammenstellung in diesem Band wurden die Fontane-Texte in Orthographie und Interpunktion modernisiert.

Inhalt

In der Sommerfrische
Erlebnisse und Erfahrungen